世界文化 1000 问

究慈 编著

中国和平出版社
China Peace Publishing House

北京

图书在版编目（CIP）数据

世界文化 1000 问 / 究慈编著 . -- 北京 ：中国和平
出版社， 2025. 4. -- ISBN 978-7-5137-3126-3

Ⅰ . G11-49

中国国家版本馆 CIP 数据核字第 2025NF3202 号

世界文化 1000 问
SHIJIE WENHUA 1000 WEN

究 慈◇编著

编辑统筹	代新梅
责任编辑	周智芳
设计制作	张建永
责任印务	魏国荣
出版发行	中国和平出版社（北京市海淀区花园路甲 13 号院 7 号楼 10 层 100088）
	www.hpbook.com　　bookhp@163.com
出 版 人	林 云
经 销	全国各地书店
印 刷	涿州市荣升新创印刷有限公司
开 本	710mm×1000mm 1/16
印 张	8
字 数	105 千字
版 次	2025 年 4 月第 1 版 2025 年 4 月第 1 次印刷
书 号	ISBN 978-7-5137-3126-3
定 价	58.00 元

目录

第一章 文学

第二章　历史

第三章　语言文字

第四章 艺术

第五章　科学

第六章 地理

第七章 饮食服饰

第八章 风俗礼仪

第九章　神话传说

第一章 文学

《荷马史诗》这部作品讲了什么?

《荷马史诗》由古希腊诗人荷马创作,包含《伊利亚特》和《奥德赛》两部。前者以特洛伊战争为背景,讲述英雄阿喀琉斯因愤怒参战、击杀赫克托尔的史诗;后者描绘奥德修斯十年海上漂泊的归乡传奇。作品融合历史、神话与人性,被誉为"古希腊社会的百科全书",奠定了西方文学基石,对欧洲文化影响深远。

《伊索寓言》是什么类型的作品?

《伊索寓言》是古希腊民间故事集,并非伊索个人创作,现存版本多为后人整理。故事通过拟人化的动物揭示人性的善恶,既讽刺权贵残暴,又传授处世智慧。其语言生动简练,短小精悍且蕴含了深刻哲理,广泛反映了古希腊社会生活与道德观念。它作为欧洲寓言文学的源头,对后世影响深远,《农夫与蛇》《龟兔赛跑》等经典篇章至今仍具启示性意义。

《巨人传》是一部怎样的作品？

《巨人传》是16世纪法国作家拉伯雷创作的长篇讽刺小说，历时二十余年完成。作品通过两代巨人卡冈都亚与庞大固埃的奇幻冒险，批判经院教育的愚昧，倡导人文主义精神。父子二人先后击败侵略者、游历世界寻找真理，最终通过"神瓶启示"传递追求知识、真理与爱的永恒主题。

《罗密欧与朱丽叶》这部作品有什么内涵？

《罗密欧与朱丽叶》是莎士比亚创作的经典悲剧，讲述意大利维罗纳城中一对青年恋人因家族世仇被迫分离的故事。作品通过爱情与封建压迫的冲突，批判中世纪门第观念，歌颂自由意志与人性光辉，主人公成为世界文学中为爱抗争的永恒象征。

《鲁滨孙漂流记》讲述了一个什么故事？

《鲁滨孙漂流记》是18世纪英国作家笛福创作的长篇小说，讲述商人鲁滨孙航海遇险后独居荒岛28年的生存传奇。他搭建住所、驯养动物、种植作物，救下土著"星期五"并共同生活，最终协助船长平

息叛乱得以返乡。作品以真实事件为原型，细致描写了荒岛求生的场景，展现人类征服自然的毅力，反映资本主义上升时期的开拓精神与创造精神。

《灰姑娘》《白雪公主》这两篇故事出自哪部著作？

《格林童话》由德国格林兄弟搜集民间故事整理而成，除了《灰姑娘》《白雪公主》，还有《小红帽》《青蛙王子》等210篇经典。作品通过的奇幻情节倡导勤劳正直，鼓励反抗压迫，传递善恶有报的价值观。该著作被译成70余种语言，成为全球流传最广的童话集之一。

《少年维特之烦恼》是一部怎样的作品？

《少年维特之烦恼》是歌德创作的德国浪漫主义代表作，讲述青年维特因爱上已婚少女绿蒂而陷入绝望，最终自杀的悲剧。小说通过书信体展现主人公对封建等级

制度、虚伪社会的抗争与精神苦闷，既揭露旧时代压迫，又反映青年觉醒的局限性，开创了心理小说的先河，成为"狂飙突进"运动的文学旗帜。

被誉为"社会百科全书"的是哪部作品？

《人间喜剧》是巴尔扎克创作的系列小说集，包含90余部作品，塑造2400余人物，展现19世纪法国社会全景。作品通过贵族的没落与资产阶级的崛起，如《高老头》中女儿榨干父亲后抛弃父亲，揭露金钱对人性的腐蚀，同时刻画劳动者的困境与美德，被誉为批判现实主义的"社会百科全书"。

《巴黎圣母院》讲述了一个什么故事？

　　《巴黎圣母院》是雨果创作的浪漫主义经典作品，它以15世纪巴黎为背景，讲述吉卜赛少女爱斯梅拉达的悲剧命运。小说借中世纪教会与王权的黑暗，揭露封建压迫，通过极致的美丑对比与戏剧冲突，展现人性善恶交织的永恒主题。

《悲惨世界》是一部怎样的作品？

　　《悲惨世界》是雨果的人道主义巨著，讲述苦役犯冉阿让因偷面包入狱，出狱后行善成为市长。他为救无辜者自首，逃亡后抚养孤女珂赛特。警长沙威被其善行感化自尽，冉阿让临终前获宽恕。小说展现了19世纪法国底层人民的苦难，歌颂仁爱精神。

哪部作品讲述了简·爱追求独立与尊严的成长历程？

　　《简·爱》是夏洛蒂·勃朗特创作的小说。孤女简·爱反抗压迫，历经寄养与艰苦求学，成年后成为家庭教师，与雇主

罗契斯特相恋。面对阶级差异，她拒绝依附婚姻，最终在罗契斯特失明后俩人平等结合。作品以女性视角批判社会不公，塑造了19世纪文学中突破性别束缚的经典形象。

《呼啸山庄》是一部怎样的作品？

《呼啸山庄》是英国作家艾米丽·勃朗特创作的小说，讲述

孤儿希斯克利夫被收养后，因爱生恨，对地主林敦家族展开复仇的故事。作品以荒原为背景，通过强烈的情感冲突和复仇主线，揭露阶级压迫与人性扭曲的罪恶。这部19世纪文学经典因其深刻的社会批判，成为反抗压迫的象征。

哪部小说被誉为"美国文学里程碑"？

《哈克贝利·费恩历险记》是马克·吐温的经典小说，被誉为"美国文学里程碑"。白人少年哈克为逃离父亲虐待，与黑奴吉姆沿密西西比河逃亡，哈克从顺从到觉醒，最终帮助吉姆争取自由。作品批判奴隶制的罪恶，揭露种族歧视与社会虚伪，宣扬平等理念。海明威称其为"现代美国文学之源"。

海明威的代表作是哪一部？

　　《老人与海》是海明威的代表作，讲述老渔夫桑提亚哥连续84天未捕到鱼，第85天在远海捕获巨型马林鱼，返航途中遭鲨鱼群袭击，虽奋力搏斗却只剩鱼骨归港的故事。小说以"人可以被毁灭，不可被战胜"的信念，塑造坚韧不屈的硬汉形象，象征人类与命运的抗争，获普利策奖及诺贝尔文学奖。

米兰·昆德拉最著名的哲理小说是哪一部？

　　《生命中不能承受之轻》是米兰·昆德拉的哲理小说，以1968年苏联入侵捷克为背景，通过托马斯等人的情感纠葛，探讨生命"轻"（自由无依）与"重"（责任束缚）的辩证。作品融合叙事与哲学思辨，揭示极权下人性的困境，被誉为"重新定义小说边界的现代经典"。

世界十大文豪是哪十位作家?

荷马	古希腊诗人
但丁	意大利诗人
歌德	德国诗人、剧作家、思想家
拜伦	英国浪漫主义诗人
莎士比亚	英国文艺复兴时期戏剧家、诗人
雨果	法国著名作家
泰戈尔	印度作家、诗人和社会活动家
列夫·托尔斯泰	俄国文学巨匠
高尔基	苏联无产阶级文学奠基人
鲁迅	中国现代伟大的文学家、思想家、革命家

世界文坛三大怪杰分别是谁?

维加:16世纪西班牙戏剧奠基人,文艺复兴巨匠,被誉为"西班牙凤凰""戏剧之父",创作量冠绝欧陆。

伏尔泰:18世纪启蒙运动领袖,法兰西思想泰斗,被誉为"理性王国无冕王",著作影响欧洲文明进程。

科莱特:20世纪法国国宝级女作家,两度获诺贝尔奖提名,以先锋笔触突破传统,获誉"文坛雌狮""法兰西玫瑰"。

世界三大短篇小说之王分别是谁？

莫泊桑：法国短篇小说巨匠，340余篇作品以精妙叙事见长，代表作《羊脂球》《项链》展现人性百态。

契诃夫：俄国文学大师，400多篇短篇小说以简洁的笔触揭露现实，名作《套中人》《变色龙》讽喻社会痼疾。

欧·亨利：美国小说家，近300篇作品构思精巧，以意外结局著称，《麦琪的礼物》等作品在幽默中见人性温情。

"科幻小说之父"的代表作有哪些？

凡尔纳被誉为"科幻小说之父"，他的《海底两万里》《八十天环游地球》等作品开创了现代科幻文学。他在《神秘岛》中精准预言了潜艇、电视等，将科学逻辑与冒险叙事结合，奠定了科幻文学的基石。

谁被誉为"诗歌之父"？

美国诗人惠特曼（1819—1892）被誉为"诗歌之父"，其代表作《草叶集》以平凡草叶象征民主自由与民众生命力。诗歌充满理想主义，反对奴隶制度，名篇《哦，船长！我的船长哟》悼念林肯总统，展现对平等社会的追求。

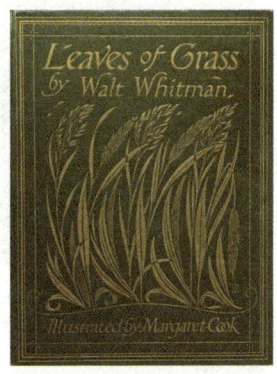

东方"诗哲"是指哪位诗人？

泰戈尔（1861—1941），印度诗人，首位获诺贝尔文学奖的亚洲人，代表作有《吉檀迦利》等。诗集融合浪漫抒情与哲学思考，反对封建压迫，歌颂自然与生命。其作品语言优美，充满人道主义精神，创作涵盖诗歌、小说、戏剧及歌曲，其中《人民的意志》被定为印度国歌。

莎士比亚的四大悲剧是哪四部？

莎士比亚（1564—1616），英国文艺复兴时期戏剧大师，创作37部剧本。四大悲剧中《哈姆雷特》展现复仇与理想破灭，《奥赛罗》揭示嫉妒与信任危机，《李尔王》演绎权力崩塌与人性觉醒，《麦克白》刻画野心腐蚀与罪恶循环。作品通过刻画复杂人性，反映时代矛盾，塑造了哈姆雷特等经典形象，奠定莎士比亚在世界文学的巅峰地位。

莎士比亚的四大喜剧是哪四部？

莎士比亚的四大喜剧是世界文学瑰宝：《仲夏夜之梦》以精灵魔法编织荒诞爱情，《威尼斯商人》借契约危机探讨法律与仁慈，《皆大欢喜》通过森林乌托邦实现人性的救赎，《第十二夜》借性别错位演绎情感迷宫。作品以幽默机巧的情节架构，融合浪漫主义色彩与社会批判意识，借助戏谑表象传递人文主义平等理念，开创戏剧艺术雅俗共赏之典范。

黑色幽默指的是什么？

黑色幽默是20世纪60年代美国的"荒诞笑话"，名字来自1965年一本同名小说合集。作家们用离谱情节讲残酷现实，比如《第22条军规》里士兵越努力越倒霉，就像用游乐场鬼屋的笑声讲恐怖故事。作家们用搞笑方式吐槽战争、死亡，让读者笑着笑着就能发现生活真相。

欧洲文学中的四大吝啬鬼分别是谁？

夏洛克：莎士比亚喜剧《威尼斯商人》中的英国放高利贷的资本家，一个凶狠毒辣的复仇狂人。

阿巴贡：莫里哀喜剧《悭吝人》中的法国放高利贷的资产者，视钱如命，吝啬多疑。

葛朗台：巴尔扎克小说《欧也妮·葛朗台》中的法兰西革命时期的资产阶级暴发户，自私、狡诈、贪婪，是"占有金子的执着狂"。

泼留希金：果戈理小说《死魂灵》中的俄国封建地主，贪婪、腐朽。为了积财，他捡破烂，做小偷，耍无赖，出尽洋相。

著名的国际安徒生奖是一个什么类型的奖？

国际安徒生奖被誉为"青少年文学诺贝尔奖"，由德国莱普曼夫人于1956年创立。她为促进国际青少年交流，推动成立了国际青少年图书馆及读物委员会。该奖每两年评选一次，奖励有贡献的作家和画家，致力于提升全球青少年读物的文学与艺术品质。

有哪些世界奇书？

石头书 缅甸有一本石头书，共703页，每页重约2千克，全书共重1460千克。据专家说，此书是19世纪由100名石匠花了9年时间雕刻成的佛经。

砖书 在叙利亚和伊拉克境内，发掘出一批200多年前的砖书，它们是用黏土烧制而成的。这些书记载了古代亚述帝国时期的故事。

青铜书 保加利亚博物馆保存有一本全部用青铜制成的书，共22页，重4千克，内容全为格言。

金书 在斯里兰卡古都阿努拉达普拉的一座古庙里曾发掘出一部金书。全书共7页，每一页都用纯金箔制成。

钢书 在南美巴西圣保罗市中心广场，陈列着一部共1000页的钢书，均用不锈钢薄板铸刻装订而成。

竹书 我国出土的考古文物，其中刻有《孙子兵法》等内容的竹简就是竹书。

泥书 叙利亚发现了世界上最古老的辞书，它是由15000多张黏土薄片组成的。

木书 在朝鲜发现了一本印在木块上的经书。

羊皮书 公元前，地中海沿岸各国多用羊皮制书，封面和封底用两块木板制作，外用羊皮包上，里面用布做衬，书背加铜制装饰品，全书很像精致的珠宝盒。

树书 德国有一种树书，它放置在木质的盒子里，书脊用树皮制作，书脊上压印出该书的德文及拉丁文名称。

帽子书 秘鲁有一种帽子书，即在每顶帽子上用布围成多层帽圈，再在每层贴上书页。这样，一顶帽子就相当于一本书。

指甲书 日本利用最新电子技术，出版了一本名叫《花语》的书。全书100多页，仅重0.0076克，约有人类的手指甲那么厚。

鸟语书 俄罗斯出版了一种鸟语书，该书可使读者了解各种鸟鸣的意思。

第二章 历史

如何区分世界历史的古代、近代、现代?

古代	世界古代史,一般认为从地球上发现人类至1640年英国资产阶级革命前。
近代	世界近代史从英国资产阶级革命(1640年)至1917年俄国十月革命。
现代	世界现代史始于1917年俄国社会主义革命。

欧洲人种起源于哪里?

　　欧洲人起源于非洲,这是由法国巴黎国家自然历史博物馆的亨利·德·吕姆莱教授最早提出来的。约150万年前,东非原始人类向欧亚迁徙,考古学家在法国、德国等地发现海德堡人等早期人类化石及伴生动物遗骸,证实了欧洲人起源于非洲这一迁移路径。

四大文明古国分别有哪些伟大的成就？

古埃及	古埃及在非洲东北部尼罗河流域，约公元前3000年形成统一王国。他们创造了象形文字和太阳历，建金字塔，并广泛应用几何学。
古巴比伦	古巴比伦在西亚两河流域，公元前18世纪统一。《汉谟拉比法典》是历史上最早的一部成文法典。他们还建造了空中花园，把七天作为一周，在天文、历法、数学方面成就突出。
中国	古老的中华民族早在公元前21世纪的夏朝就建立了奴隶制国家，商朝出现甲骨文。后母戊鼎是世界最大青铜器，万里长城是中华民族的象征。
古印度	古印度位于南亚次大陆，公元前3000年出现奴隶制。他们发明了含0的通用数字，完善十进位，数字经阿拉伯人传至欧洲。

爱琴文明是什么时期的文明？

爱琴文明，又称为克里特—迈锡尼文明，是欧洲青铜时代的早期文明。约公元前3000—公元前2000年兴起于爱琴海诸岛及希腊半岛，公元前1700—公元前1400年达到鼎盛，后来文明中心转移至迈锡尼。爱琴文明成为西方文明的重要源头。

被誉为"美洲印第安文化的重要源头"是什么文明？

被誉为"美洲印第安文化的重要源头"的是玛雅文明，发源于公元前25世纪至16世纪，分布于今墨西哥南部至中美洲地区。公元4至9世纪为鼎盛期，人们培育出玉米、甘薯等农作物，这奠

定了美洲农业的基础。该文明以巨石建筑闻名，如高60米、15层的花岗岩神殿遗址。另外，其天文历法、象形文字成就也很突出。但16世纪它突然衰落，消亡原因仍是未解之谜。

意大利首都罗马的名称来源于什么？

罗马城素有"博物馆之城"的美誉，因为城内保留了大量古罗马建筑及文艺复兴艺术品。据说，建城者罗慕路斯兄弟幼时被抛弃在台伯河畔，由母狼哺育存活，后来在此建城。

城名"罗马"源自罗慕路斯，城徽为母狼哺育双胞胎形象，体现了城市起源的传说。该故事承载古罗马人对历史的神圣想象。

著名的斯巴达克起义是什么？

斯巴达克起义（公元前73—公元前71）是古罗马规模最大的奴隶起义。色雷斯人斯巴达克因战争沦为角斗士，率78人从卡普亚突围至维苏威火山。

后来，起义军迅速扩至12万，转战意大利南北，突破克拉苏防线。后来因起义军内部分裂，在决战中斯巴达克与六万战士牺牲，起义失败。但斯巴达克起义沉重地打击了罗马奴隶制。

恺撒是谁？

恺撒（公元前100—公元前44）是古罗马军事统帅。公元前60年联合庞培、克拉苏组成前三头同盟，征服高卢后，势力壮大。同盟破裂后，他又击败了庞培，公元前45年成为终身独裁官，推行集权改革。公元前44年，他遭共和派刺杀而身亡。他的统治为罗马帝制奠定了基础。

亚历山大大帝有什么丰功伟绩?

亚历山大（公元前356—公元前323），马其顿国王，20岁即位后统一希腊诸邦。公元前334年起东征，在伊苏战役、高加米拉战役两度打败波斯大流士三世，吞并波斯帝国。公元前332年占领埃及，建亚历山大港（今埃及主要港口）。其帝国疆域横跨欧亚非三个大洲，东至印度河流域。公元前323年他病逝于巴比伦，年仅33岁。

神圣罗马帝国有什么历史?

神圣罗马帝国源于公元962年，德意志国王奥托一世由教皇加冕为皇帝，继承东法兰克王国疆域。12世纪更名为"日耳曼民族神圣罗马帝国"，名义上统一，但国内管理长期松散，皇权与教廷争夺主教任命权。13世纪后，神圣罗马帝国逐渐衰落，1806年解体，存续约840年。

古代史上重大的战争有哪些?

希波战争 (公元前500—公元前449)	希腊城邦联合抗击波斯帝国的入侵。
伯罗奔尼撒战争 (公元前431—公元前404)	雅典与斯巴达争霸,导致希腊城邦衰落。
亚历山大东侵 (公元前334—公元前324)	马其顿帝国扩张至印度河流域,促进东西方交流。
高卢战争 (公元前58—公元前51)	凯撒征服高卢,奠定罗马帝国的基础。
罗马内战 (公元前49—公元前31)	凯撒与庞培、屋大维与安东尼的权力争夺,终结共和制。
拜占庭—波斯战争 (6—7世纪)	两大帝国长期拉锯战,消耗国力,助推阿拉伯崛起。
十字军东征 (1096—1291)	十字军东征是有名的宗教性军事行动,对西方基督教世界造成了深远的社会、经济和政治影响。
百年战争 (1337—1453)	英法争夺领土,催生民族国家与军事变革。
七年战争 (1756—1763)	欧洲列强全球争霸,影响殖民格局与北美独立进程。
朝鲜壬辰卫国战争 (1592—1598)	中朝联军击退日本侵略,维护东亚稳定。

谁是法老?

法老是对古埃及君主的尊称，源自希腊语"宫殿"。最初指王宫，新王国时期逐渐演变成国王的代称，图特摩斯三世起正式确立，后来统指历代统治者。

沙皇是什么称号?

"沙皇"是俄国最高封建统治者的称号。"沙皇"直译为"恺撒大帝"。1547年伊凡四世加冕首次使用，此后，俄国历代封建君主大都袭称"沙皇"。十月革命后，这个称号被废除。

骑士是什么称号?

骑士是中世纪西欧受过正式军事训练的骑兵，后来成为一种荣誉称号，用于表示一个社会阶层。骑士恪守勇武、忠诚、守信的准则，其尚武精神深刻影响欧洲文化。

著名的文艺复兴运动是什么运动？

文艺复兴（14—16世纪）是欧洲新兴资产阶级推动的思想文化运动，始于意大利。这场运动以人文主义为核心，倡导以人为本，反对教会束缚，促进文艺、科学革新，涌现一批如但丁、伽利略等代表人物。

英法百年战争是指什么战争？

公元14世纪初到15世纪中期，英法两国封建王朝为争夺封建领地进行了长期战争，这场战争断断续续打了100多年，史称"百年战争"。战争爆发初期，英军占优势。1429年圣女贞德率法军扭转战局，激发民族意识。1453年法国收复失地，结束百年拉锯战，奠定现代国家基础。

资本主义生产的最初萌芽是什么时候？

14—15世纪，地中海沿岸的佛罗伦萨、威尼斯等城市因水力应用、中国技术的传入，生产力得到大幅度提升。商人控制产销，手工业者沦为雇佣工，工场手工业兴起，标志资本主义萌芽，资产阶级由此形成。

什么是圈地运动？

15世纪末—17世纪，欧洲的毛纺织业迅猛发展，羊毛需求激增，英国地主为扩大牧羊业，贵族圈地改牧场，暴力强占农民土地，迫使其流离失所。圈地运动是地主贵族用暴力大规模夺取农民土地的一种方式，被比喻为"羊吃人"，它体现了资本原始积累的残酷性。

启蒙运动是什么运动？

启蒙运动是18世纪欧洲以法国为中心的思想解放运动，倡导理性、自由、平等，反对封建专制。代表人物伏尔泰主张天赋人权，其思想推动资产阶级革命，影响现代民主制度形成。

拿破仑·波拿巴是谁？

拿破仑·波拿巴（1769—1821），法国军事家、政治家，法兰西第一帝国皇帝。土伦战役后他崭露头角，1799年发动雾月政变夺权，1804年称帝后颁布《拿破仑法典》。因滑铁卢战役败于反法联军。1815年，他被流放圣赫勒拿岛至病逝，其军事改革深刻影响近代战争体系。

滑铁卢战役是什么战役？

滑铁卢战役发生在1815年6月18日，是拿破仑与英、普联军的决战。法军因大雨延误部署，普军布吕歇尔及时支援威灵顿，击溃法军。此役终结拿破仑帝国，欧洲近代史开启新阶段，滑铁卢由此成为重大失败的代名词。

西欧三大工人运动是什么运动？

法国里昂工人起义：1831和1834年，里昂纺织工两次武装起义，口号是"不能劳动而生，就要战斗而死"，标志早期工人抗争。

英国宪章运动：1838—1848年，英国工人三次全国请愿，要求普选权，第一次启动了阶级独立政治斗争。

德国西里西亚起义：1844年纺织工起义，反对私有制剥削，第一次提出无产阶级历史使命，推动理论觉醒。

《国际歌》是谁创作的？

《国际歌》由巴黎公社委员欧仁·鲍狄埃于1871年革命失败后作词，工人作曲家狄盖特于1888年谱曲。歌词凝聚无产阶级抗争理想，呼吁国际团结，成为全球工人运动的精神象征，传唱至今。

历史上有几个法兰西共和国？

法兰西第一共和国（1792—1804）	1792年国民议会废除君主制建立第一共和国。它是法国历史上第一个资产阶级共和国。
法兰西第二共和国（1848—1852）	1848年二月革命推翻王朝，短暂实行共和制，1851年路易·波拿巴政变后消亡。
法兰西第三共和国（1870—1940）	普法战争后成立，1875年宪法确立共和制，是法国首个长期稳定的共和政权。
法兰西第四共和国（1946—1958）	实行议会制，政府更迭频繁，最终因政治危机而瓦解。
法兰西第五共和国（1958—至今）	1958年戴高乐就任法兰西第五共和国首任总统，法国的经济和政权逐渐稳定，政体维持至今。

明治维新是什么？

　　明治维新是日本推翻幕府后的近代化改革。明治天皇推行废藩置县、中央集权，发展工商业，废除封建等级，颁布宪法确立君主立宪，加速资本主义发展，使日本转型为近代化国家。

俄国十月革命有什么重大的意义？

　　1917年11月7日，由列宁领导的布尔什维克党发动俄国十月革命。起义军攻占冬宫推翻资产阶级临时政府，全俄苏维埃代表大会宣布政权归苏维埃，建立人类历史上第一个社会主义国家，开创无产阶级专政先河。

新加坡的别称是怎么来的?

新加坡别称"狮城",源于这样一个传说:苏门答腊的室利佛逝王子乘船到达新加坡岛时,误将所见怪兽认作狮子,遂改梵文名"新加坡拉"(狮城)。这个名称沿用至今。

英国的全称是什么?

英国全称"大不列颠及北爱尔兰联合王国"。"不列颠"源于凯尔特族名,1707年英格兰与苏格兰合并,1801年爱尔兰加入。1922年爱尔兰独立后,北爱尔兰保留,1949年正式确立为现用国名。

SOS儿童村是什么组织?

SOS的英文全称是国际摩尔斯电码救难信号。而SOS儿童村是国际慈善组织,1949年由奥地利人赫尔曼·格迈纳尔创立,通过模拟家庭模式为孤儿提供长期照料。截至数据统计,全球76个国家建有214个儿童村,中国在天津、烟台等地设有分支机构。

第三章 语言文字

象形文字是最古老的文字吗？

象形文字是已知最古老的文字形式之一，但并非最古老的文字。目前公认最古老的文字是苏美尔人创造的楔形文字（约公元前3400年），而古埃及象形文字稍晚出现（约公元前3200年）。中国的甲骨文则起源于约公元前14世纪。

楔形文字是怎样产生的？

楔形文字起源于约公元前3400年的美索不达米亚，由苏美尔人为记录经济交易而创造。最初他们用芦苇笔在湿泥板上刻写象形符号，后逐步简化形成楔形特征，并扩展至法律、宗教等领域，成为古代西亚通用文字系统。

广东话的"士多啤梨"指的是哪种水果？

"士多啤梨"即是草莓，这种称呼来自英语草莓的音译，不能简称为"啤梨"。啤梨与士多啤梨是完全不同的水果品种，啤梨是进口西洋梨品种的统称，果实多为瓢形或葫芦形，皮厚肉软，常见的有青啤梨、红啤梨等。

拉丁字母表是怎样产生的?

拉丁字母起源于公元前7世纪,罗马人吸收古希腊库米城邦文字,并基于埃特鲁斯坎字母筛选出21个符号形成雏形(A、B、C等)。公元前1世纪征服希腊后,人们增补Y、Z至23字母,中世纪时分化为J、U、W,最终定型为26字母。拉丁字母成为全球广泛使用的文字体系。

"座右铭"与座位有关吗?

"座右铭"原指古人置于座位右侧的自警铭文。东汉崔瑗作100字铭文,并将之刻于器物置于座位右侧。慢慢地,座右铭演变为激励、约束自身的格言。"座右"二字保留了位置属性,但与座位无关。

日文中的假名是怎么来的?

日文假名源于汉字的表音体系。古代日本无文字,5世纪起用汉字作注音符号(称万叶假名)。"假"指借用,"名"即文字,与直接借用形音义的"真名"(汉字)相对。平假名由汉字草书演变,片假名取自楷书偏旁,形成于平安时代简化书写需求。

"世界语"是指哪一种语言？

"世界语"指波兰犹太人柴门霍夫1887年基于印欧语系创立的人造语言，旨在消除国际交流障碍。采用28个拉丁字母，读音规则固定，语法仅16条，便于学习，词汇融合拉丁、日耳曼和斯拉夫语族元素，曾被称为"国际普通话"。

世界上最早的图书是什么？

世界上最早的图书可追溯至公元前30世纪埃及纸草书卷（雏形），但现存最早装订成册的实体书为中国1993年出土的郭店楚简（约公元前300年），含804枚竹简、13000余字，它记录了先秦儒道典籍。苏美尔泥板书（约前3200年）出现的时间虽然更早，但它以泥板刻楔形文字为主，未形成册式书籍。

动物也有自己的语言体系吗？

动物能通过声音、动作和化学信号交流，如海豚用独特哨声呼唤同伴名字，蜜蜂以"8字舞"传递蜜源方位，蚂蚁通过触角触碰和气味标记路线。但语言学认为，此类交流缺乏复杂语法和传承性，不构成人类意义上的语言体系。

"话"不能吃,"食言"这个词是怎样造出来的?

"食言"源于《左传》记载的"食言而肥"典故:春秋鲁国孟武伯言而无信,鲁哀公讥讽其"食言多矣,能无肥乎",以"食"比喻不信守承诺。《尔雅》中释"食"为"言之伪",故用"食言"代指背信弃诺。

为什么中文是方块字,英文是字母?

中文源于甲骨文等象形文字,早期被刻画在龟甲、竹简等狭窄载体上,横向发展受限,逐渐形成纵向延伸的方块结构。而英文等拼音文字起源于古腓尼字母系统,通过不同字母组合直接记录语音。两者的差异反映了古代中国以表意为核心、西方从表音为主导的文字演变路径。

原来竖排的汉字,从什么时候开始"横行"的?

汉字竖排改横排源于清末西学东渐影响,以及纸张普及后适应现代书写需求。汉字竖写传统延续至清末,1909年首现横排版书籍《译音韵记号》,但全国统一推行始于1955年全国文字改革会议。当年,《光明日报》率先改为横排,明确横排是适应现代文化和生活习惯的发展趋势。

机器人说的语言是人类教的吗？

机器人语言能力源于人类对其的训练：通过标注数据集训练对话模型，并输入海量真实对话数据使其学习语言规则；自然语言处理技术（NLP）赋予其解析和生成语句的能力。部分AI（人工智能）虽可自主演化新语言结构，但基础逻辑仍基于人类预设框架。

语音助手会不会偷偷学我们说话？

语音助手默认仅在触发关键词后激活处理音频，但也存在隐私泄露风险：部分厂商被曝光录制用户对话用于人工标注训练，或通过捕捉环境声关键词推送广告。虽然在技术层面持续监听成本高昂，仍需警惕App（应用程序）越权收集声纹数据。

"我"字最早的含义是什么？

"我"字的甲骨文形似兵器"戈"，本义为行刑或战争的凶器；西周起因持戈武士象征群体，衍生出"我们"的意义，战国后逐渐固定为第一人称代词。

表情符号算不算新的语言？

表情符号被视为视觉化辅助语言，它具备跨文化通用性，可组合成句传递复杂含义。表情符号全球日使用量超60亿次，但其本质仍是补充文字的非独立符号系统，尚未形成严格的语法体系。

摩斯密码能用来和朋友传秘密纸条吗？

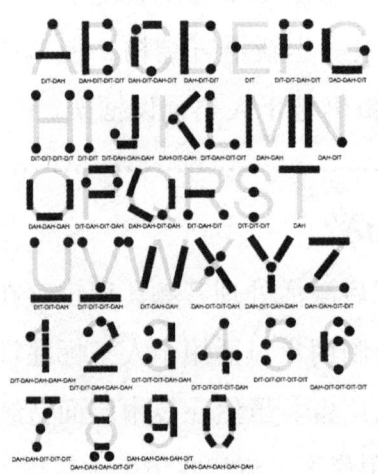

摩斯密码可作基础加密工具，通过点划组合加密文字，需双方掌握译码规则。实际应用中，摩斯密码存在易学难精特性——短句加密耗时短，但长文手动编码效率很低。现衍生出表情符号变体，适合朋友间有趣的交流。

为什么把榜样人物称为"楷模"呢？

"楷模"源自楷、模两种树木：楷树（黄连木）长在孔子墓旁，挺拔如仪；模树长在周公墓侧，四季常青。古人以树木喻人，取"法式"之义。后来，在《后汉书》中以"楷模"代指典范，便成为榜样人物的代称。

"天字第一号"的说法来自何处?

"天字第一号"源于南朝《千字文》首句"天地玄黄"。因科举考场以千字文为号房排序,"天"字为首,故称第一,后来泛称最高等级事物。

打败仗为什么叫"败北",而不叫"败东"或"败西"呢?

"败北"源于"北"通"背"的古义。甲骨文中"北"字是两人背向,象征战败者背身逃遁。而古代君王面朝南为尊,战败者需"北面称臣",强化了"北"与失败的关联。虽然这个词衍生出方位概念,但核心意思是背敌而逃,与地理方向无关。

人们把购物叫买"东西",为什么不叫买"南北"呢?

"买东西"源于五行学说,东方属木、西方属金,金木有形;而南方属火、北方属水,水火无形。另外,唐代长安的"东市""西市"是商业的代称。这二者共同促成"东西"代指物品,因此,购物就一直被称为"买东西"。

第四章 艺术

西方主要的美术流派有哪些？

文艺复兴派（15—16世纪）：复兴古典艺术，注重人体比例与透视，题材多为宗教人文，代表者有达·芬奇、米开朗琪罗。

学院派（17世纪起）：题材多为宗教神话，遵循传统技法，强调写实，构图严谨，反对艺术革新。

浪漫主义（19世纪初）：题材多为英雄史诗，色彩浓烈，强调情感与戏剧性，代表人物为德拉克洛瓦。

古典主义（18—19世纪）：追求古希腊罗马美学，理性庄重，重视素描结构，题材多为历史神话。

印象派（19世纪后期）：喜欢捕捉光影瞬间，色彩鲜明，笔触松散，代表画家有莫奈、雷诺阿。

新印象派（19世纪80年代）：又称点彩派，科学分色点绘，强化光效，代表画家修拉、西涅克。

后印象主义（19世纪末）：突破写实，强调主观表达，重色彩情感，代表人物有梵高、塞尚。

抽象派（20世纪初）：脱离具象形态，以几何色块表达内在情感，代表人物有康定斯基、蒙德里安。

超现实主义（20世纪20年代）：融合梦境与现实，形象荒诞奇幻，代表画家有达利、马格利特。

油画是怎样来的?

　　油画起源于15世纪,早期以蛋液调和矿物颜料作画。尼德兰画家凡·爱克兄弟改良了技术,采用亚麻油等作为调和剂,使颜料更易附着、色彩鲜亮持久。这推动了油画成为欧洲主流绘画形式,并广泛传播。

哪位画家创作了西方艺术史上最具影响力的壁画?

　　米开朗琪罗是文艺复兴时期艺术家,1508年受教皇委托,在梵蒂冈西斯廷教堂800平方米穹顶上独自完成《创世纪》天顶画。作品包含9个圣经故事及350余人物,以人体动态展现人文主义精神。虽然创作条件艰苦,这部作品却成为西方艺术史上最具影响力的壁画之一。

《最后的晚餐》是哪位著名画家的作品?

　　《最后的晚餐》是达·芬奇毕生创作中最负盛名之作。这幅壁画作于米兰圣玛利亚修道院饭厅。画作以基督为中心,12个门徒分4组展现得知背叛时的震惊。作品通过人物动态与微表情精准地刻画人性,成为文艺复兴叙事性构图的典范之作。

《蒙娜丽莎》为什么会成为肖像画的巅峰之作？

　　达·芬奇从1503年开始创作的《蒙娜丽莎》以神秘微笑而闻名，画家运用薄雾法在眼角、唇边施以渐变阴影，背景地平线左低右高形成视觉流动。这幅木板油画历经百余年，成为文艺复兴肖像画的巅峰之作，开创人物心理刻画新境界。

《日出·印象》是什么风格的画作？

　　克劳德·莫奈于1872年在法国阿弗尔港创作《日出·印象》，以松散笔触捕捉晨雾中光影的瞬间变化。该画于1874年首届印象派画展展出，因记者讽刺"印象"得名，其朦胧色调与写意技法突破传统，

成为印象派艺术运动的标志性开端，画派名称亦源于此作品。

梵高一生中画了多少幅《向日葵》？

　　荷兰后印象派画家梵高一生中创作了11幅《向日葵》系列油画，它们几乎都已被世界各大博物馆收藏。其中一幅在1987年以2.19亿法郎拍卖成交，创当时艺术市场纪录，成为现代绘画最具标志性的作品之一。

"浮世绘"是什么?

　　浮世绘是日本江户时代（1603—1868）的木版画艺术，题材涵盖市井生活、自然风光及戏剧人物。它起源于佛教概念，18世纪铃木春信开创多色套印技术，代表作有安藤广重《东海道五十三次》，以鲜明色彩与流畅线条记录幕府时期社会风貌。

《大卫》的灵感来源于什么故事?

　　米开朗琪罗雕塑《大卫》创作于1504年，取材圣经少年大卫击败巨人歌利亚的故事。雕像左手持投石带，以裸体英姿展现迎战姿态，象征抗争精神。该雕像最初安放于佛罗伦萨市政厅前，以激励民众。

《米洛斯的维纳斯》是谁创作的?

　　维纳斯是古希腊神话中的爱和美女神阿佛洛狄忒。古希腊著名雕刻家阿海山纳在神话的基础上，加以丰富的想象和独特的创造，用大理石雕成了《米洛斯的维纳斯》。该雕像高240厘米，双臂残缺，以流畅线条展现女性形体美。其残缺形态成为古典艺术象征，激发后世无限艺术遐想。

古代西方典型的建筑风格有哪两种？

罗马式建筑（11世纪盛行）：以半圆拱顶、厚重石墙为特征，常见于教堂与城堡，结构稳固，典型代表有意大利比萨大教堂。

哥特式建筑（12—16世纪）：尖拱肋顶配飞扶壁，垂直高耸，玻璃花窗营造神圣感，典型代表有巴黎圣母院、科隆大教堂。

五线谱是怎么来的？

五线谱起源于10世纪意大利音乐家圭多创立的四线记谱法，17世纪发展为五线，并完善符号系统。经过数百年的演变，形成现代标准记谱体系。五线谱通过线条与符号精确记录音乐节奏，成为全球通用的音乐书写方式。

数字简谱是怎么来的？

数字简谱由17世纪法国修士苏埃蒂首创，用于宗教歌曲教学。18世纪卢梭提出改进方案，后经数学家加兰系统完善，又通过编书、组建合唱团推广，最终被官方认可为通用记谱法。

指挥棒是怎么来的?

音乐指挥起源于15世纪意大利教堂用纸卷打拍,后发展出足踏、挥绢等方式。19世纪德国施波尔首创指挥棒,经门德尔松推广后普及。指挥棒的长度由约76厘米缩短至46厘米,成为现代乐团标准指挥工具。

古典音乐是指什么?

古典音乐通常指18世纪中叶至19世纪初以海顿、莫扎特、贝多芬为代表的典范作品,其风格追求严谨结构与永恒价值。海顿在1781年创作的《俄罗斯四重奏》被视为该时期音乐风格成熟的标志,奠定了交响乐、室内乐的创作范式。

交响曲通常有哪四个乐章?

交响曲是18世纪后形成的多乐章管弦乐体裁,通常由四个乐章构成:快板奏鸣曲式、抒情行板、谐谑曲及终章回旋曲。交响曲起源于意大利歌剧序曲,贝多芬的《第九交响曲》首次加入合唱,突破纯器乐传统,成为古典主义至浪漫主义时期的重要音乐形式。

圆舞曲起源于哪个国家？

圆舞曲是三拍子舞曲，起源于奥地利民间，19世纪在维也纳发展成熟，约翰·施特劳斯推动它的普及。圆舞曲分实用伴舞型与艺术型两类，后者如肖邦《降E大调华丽圆舞曲》，突破节奏限制成为独立的音乐体裁。

奏鸣曲起源于什么时候？

奏鸣曲起源于文艺复兴时期，早期为单乐章器乐曲。17世纪分化为教堂奏鸣曲与室内奏鸣曲两种类型，18世纪发展为多乐章套曲，经海顿、贝多芬两位音乐家完善成型。浪漫派时期，奏鸣曲融入歌曲化、交响诗等新风格，19世纪后逐渐式微。

进行曲有哪些代表作？

进行曲是节奏鲜明的步伐音乐，起源于16世纪欧洲军乐，结构多为三段式，常用2/4或4/4拍。经法国作曲家阿尔博开创后，逐渐发展出仪式、婚礼、葬礼等类型，并融入歌剧创作。莫扎特《土耳其进行曲》、瓦格纳《婚礼进行曲》等成为经典代表作品。

爵士乐有什么特色？

爵士乐起源于19世纪末美国南部黑人音乐，融合布鲁斯与拉格泰姆元素，以即兴演奏、切分节奏为特色。其风格历经摇摆乐、比博普等演变，音色鲜明且和声丰富，成为全球重要音乐流派。

摇滚乐的代表歌手是谁？

摇滚乐兴起于20世纪50年代美国，以歌手"猫王"埃尔维斯·普雷斯利为代表。它融合布鲁斯与乡村音乐，以电吉他、鼓等乐器创造强烈节奏，表演风格张扬叛逆，迅速风靡全球，开创了现代流行音乐新纪元。

浪漫主义音乐有什么特点？

浪漫主义音乐是19世纪欧洲主导流派，强调个人情感表达与自然描绘，注重民族民间元素，突破传统音乐形式，以抒情性旋律和自由结构为特征，代表作曲家有舒伯特、肖邦等。

世界流行音乐九大流派分别是什么？

迪斯科： 传统摇摆音乐加上强烈的节奏鼓。

乡村音乐： 起源于美国西海岸，歌唱时只有吉他伴奏，曲调抒情。

黑人音乐： 取材于黑人歌曲，节奏较强。

爵士摇摆乐： 在传统的爵士乐基础上加上较和谐的配器。

滚石音乐： 音乐飘忽，节奏感强。

莱卡音乐： 受牙买加传统民族音乐节奏影响而形成的一种音乐。

进步音乐： 带有摇滚色彩，音响效果较好。

颓废派摇滚乐： 曲调怪诞做作，20世纪70年代初风行一时。

通俗流行音乐： 集各流派之大成，曲调朴实。

世界十大交响乐团是哪些乐团？

1. 德累斯顿国立管弦乐团
2. 彼得格勒国立爱乐乐团
3. 维也纳爱乐乐团
4. 克利夫兰管弦乐团
5. 波士顿交响乐团
6. 柏林爱乐乐团
7. 阿姆斯特丹音乐厅管弦乐团
8. 芝加哥交响乐团
9. 费城管弦乐团
10. 巴黎管弦乐团

"甲壳虫"乐队是一个什么乐队?

"甲壳虫"乐队,又叫"披头士"乐队,它是摇滚乐史上最有影响的乐队,成为20世纪60年代风靡欧美大陆的一种文化、社会现象和一代青年的偶像。乐队1959年成立于英国利物浦,成员包括列侬、麦卡特尼等四人。其唱片全球总销量超8亿张,推动摇滚乐发展和成熟。

美声唱法是什么?

美声唱法起源于17世纪意大利,以科学发声体系为特点,依托意大利语言的优势而发展。18至19世纪经罗西尼、威尔第等歌剧作曲家推动臻于成熟,形成学院派演唱传统。19世纪后影响力虽然有减弱,它仍作为国际公认的声乐艺术体系,代表歌唱家包括帕瓦罗蒂等世界三大男高音。

世界著名的音乐家都有哪些美誉？

贝多芬	德国	乐圣
巴赫	德国	音乐之父
海顿	奥地利	交响乐之父
施特劳斯	奥地利	圆舞曲之父
卡拉扬	德国	指挥之王
柴可夫斯基	俄国	旋律之王
李斯特	匈牙利	钢琴之王
帕格尼尼	意大利	小提琴之王
亨德尔	德国	音乐神灵
舒伯特	奥地利	歌曲之王
斯卡拉蒂	意大利	音乐之王
肖邦	波兰	钢琴诗人

谁被誉为"欧洲音乐之父"？

约翰·塞巴斯蒂安·巴赫（1685—1750），德国巴洛克时期作曲家，复调音乐集大成者。他革新键盘演奏技法，确立十二平均律实践，创作涵盖宗教与世俗音乐，被誉为"欧洲音乐之父"，深刻影响后世音乐的发展。

"音乐神童"是谁？

沃尔夫冈·阿玛多伊斯·莫扎特（1756—1791），奥地利古典主义作曲家。4岁学琴，6岁在欧洲巡演，11岁创作歌剧。他一生完成了600余部作品，包括歌剧《费加罗的婚礼》《魔笛》及41部交响曲，晚期三部交响曲达到古典音乐巅峰，被誉为"音乐神童"。

《第九交响曲》是谁的作品？

路德维希·范·贝多芬（1770—1827），德国作曲家，生于波恩平民家庭。他自幼习琴，师从海顿，26岁起听力衰退，仍坚持创作，完成《第九交响曲》等作品，贝多芬以革命激情著称，共创作9部交响曲、32首钢琴奏鸣曲，深刻影响了西方音乐发展。

"小提琴之王"是谁？

尼科洛·帕格尼尼（1782—1840），意大利小提琴家，被誉为"小提琴之王"。他演奏时融合左手拨弦、泛音等高难度技巧，创作的24首随想曲展现超凡技艺，革新了小提琴的表现力，成为浪漫主义音乐的代表人物。

谁被誉为"浪漫主义音乐先驱"？

弗朗茨·舒伯特（1797—1828），奥地利作曲家，创作超600首艺术歌曲，开创声乐套曲形式，代表作《冬之旅》《美丽的磨坊女》，被誉为"浪漫主义音乐先驱"。

《摇篮曲》是谁的作品？

奥地利作曲家舒伯特创作的《摇篮曲》是经典艺术歌曲，相传他因贫困用此曲谱换取食物。该曲旋律轻柔，歌词源自即兴创作的小诗。舒伯特去世30年后，其手稿在巴黎拍卖并以高价成交，成为世界广为传唱的摇篮曲代表作。

"钢琴诗人"是谁？

弗雷德里克·肖邦（1810—1849），波兰作曲家、钢琴家，浪漫主义音乐代表人物。肖邦毕生专注钢琴创作，革新演奏技法，将波兰民间舞曲升华为艺术形式，代表作《革命练习曲》《降B小调奏鸣曲》等，其装饰音运用与和声创新深刻影响后世，被誉为"钢琴诗人"。

"圆舞曲之父"是谁？

约翰·施特劳斯（1804—1849），奥地利作曲家，19世纪创立维也纳圆舞曲形式，创作150余首作品，融合民间连德勒舞曲与古典传统，以鲜明节奏和管弦色彩著称，被誉为"圆舞曲之父"。

《蓝色多瑙河》是一部什么作品？

《蓝色多瑙河》由小约翰·施特劳斯1867年创作，原为激励战败后的奥地利民众的男声合唱曲。首演遇冷，后改编为管弦乐在巴黎世博会演奏轰动全球。全曲含序奏、五段圆舞曲及尾声，旋律优美，被誉为"奥地利第二国歌"，是世界经典圆舞曲代表作。

柴可夫斯基有什么美誉？

彼得·伊里奇·柴可夫斯基（1840—1893），俄罗斯作曲家。他10岁习琴，22岁进入圣彼得堡音乐学院，代表作有芭蕾舞剧《天鹅湖》、歌剧《黑桃皇后》等。他的作品融合民族旋律与抒情戏剧性，被誉为"俄罗斯音乐之魂"。

全球传唱的生日歌是怎么来的？

《祝你生日快乐》由美国肯塔基州希尔姐妹于1893年创作，原名《祝你早上好》。1935年改编歌词后更名，因旋律简洁明快成为全球传唱最广的生日歌曲，被吉尼斯认证为最流行的英文歌曲。

《马赛曲》是一首什么歌？

《马赛曲》是法国国歌，1792年由鲁热·德·利尔创作，原名《莱茵军团战歌》。法国大革命期间因马赛志愿军传唱得名，1795年被确立为国歌，歌词号召公民保卫祖国自由，旋律激昂。

"世界音乐之都"是哪座城市？

维也纳被誉为"世界音乐之都"，拥有5大交响乐团、23座剧院及众多音乐厅，贝多芬等名家曾活跃于此。每年在这里举办的新年音乐会是全球顶级音乐盛会。

哪种乐器被誉为"乐器之王"？

钢琴被誉为"乐器之王"，它的雏形是希腊弦乐测量工具，14世纪发展为古钢琴，1709年意大利人克里斯托弗利发明带击弦装置的键盘钢琴，奠定现代钢琴的基础。经19世纪法国人埃拉尔改进击弦结构，1855年确立毛毡琴槌与交叉琴弦设计，核心构造沿用至今。

哪种乐器被誉为"乐器王子"？

吉他被誉为"乐器王子"。它起源于阿拉伯乌德琴，14世纪传入西班牙。16世纪五弦吉他风靡欧洲，18世纪确立六弦制式，帕格尼尼等音乐家推动其发展。19世纪西班牙音乐家托雷斯完成古典吉他标准化，后传至全球，并衍生出电吉他类型。

世界上第一把小提琴是什么时候出现的？

小提琴广泛流传于世界各国，在器乐中占非常重要的地位，是现代交响乐队的支柱，也是具有高难度演奏技巧的独奏乐器，与钢琴、古典吉他并称为世界三大乐器。1550年，意大利北部的乐器师制成第一把现代的小提琴。杰出的小提琴名匠有马基尼、阿马蒂、斯特拉地瓦利和瓜尔涅利四位大师。

芭蕾源于什么舞蹈?

芭蕾舞源于文艺复兴时期意大利贵族舞蹈,16世纪传入法国后发展成熟。1581年首部宫廷芭蕾《皇后喜剧芭蕾》诞生,19世纪形成意、法、俄三大流派,诞生《天鹅湖》等经典作品。20世纪芭蕾舞与现代舞融合催生现代芭蕾。

《天鹅湖》在芭蕾舞界有怎样的地位?

《天鹅湖》是俄国古典芭蕾经典剧目,由柴可夫斯基1876年作曲。讲述公主被魔法变为白天鹅,与王子历经考验后破除诅咒的故事。该剧目1877年首演,1895年改编后确立世界芭蕾典范地位。

迪斯科是一种怎样的舞蹈形式?

迪斯科是20世纪70年代源于美国的音乐舞蹈形式,以电子合成音乐和强烈节奏为特色。舞蹈即兴自由,强调腰胯律动,融合多舞种元素,风靡全球,在流行文化史上留下了浓墨重彩的一笔。

霹雳舞起源于什么舞蹈?

霹雳舞是20世纪70年代末兴起于美国城市的街头舞蹈,起源于20世纪60年代末黑人文化,以爆发力动作和自由即兴为特色,后迅速风靡于全球青年群体。

街舞是一种什么样的舞蹈?

街舞是20世纪80年代源于美国纽约布鲁克林黑人社区的街头即兴舞蹈,以自由个性、强烈节奏和身体律动为特色,融合反叛精神与乐观表达,逐渐发展为全球青年流行文化的重要组成部分。

歌剧起源于什么时候?

歌剧起源于16世纪末的意大利,1600年首部作品《欧律狄斯》在法国首演。17世纪末那不勒斯乐派创立咏叹调与美声唱法,奠定意大利歌剧百年典范。

世界著名歌剧院有哪些？

维也纳国家歌剧院：世界音乐之都的核心场馆，以顶尖歌剧演出和国际盛典闻名。

巴黎歌剧院：全球最大剧场之一，是歌剧演出场所，规模宏大，金碧辉煌。

米兰斯卡拉歌剧院：意大利歌剧中心，拥有七层观众席的全球顶级歌剧院的代表。

悉尼歌剧院：澳大利亚地标性文化场馆，外形是独特的帆形，可举办多元艺术演出。

百老汇是什么？

百老汇是美国纽约的戏剧中心街区，因聚集众多剧场得名。20世纪中期以演出世界经典剧目著称，汇聚知名剧团与艺术家，"百老汇戏剧"由此成为美国舞台艺术代名词。

马戏是怎么出现的？

马戏起源于古罗马，近代形式由1768年英国人阿斯特利创立，并传播至欧洲。19世纪美国引入动物表演并发展综合马戏团，20世纪汽车马戏团出现，二战后马戏融合杂技、动物演出与丑角艺术，形成现代体系。

第五章 科学

我国的运载火箭一般朝哪个方向发射?

为节约能量,我国运载火箭多向东南发射,利用地球自西向东自转的初速度,结合北半球纬度特征,东南方向可最大限度借助离心力,节省燃料。

哪种海洋动物没有大脑和心脏?

水母没有大脑和心脏,身体大部分是水,但这并不影响水母在地球上存活超过6亿年。因为它的身体结构简单,机能高效:通过皮肤呼吸;通过神经元感知周围环境;通过触手捕食和防卫。

松茸和松树有什么关系?

松茸与松树是共生关系。松茸也叫松口蘑,是生长在松树、栎树根部的真菌,因为味道极其鲜美,营养价值高,被誉为"菌中之王"。松茸对生长环境的要求非常苛刻,离开共生树种无法存活,因此产量稀少。

蚊子有耳朵吗？

蚊子的耳朵长在头部伸出的两只触角上，触角里面藏着负责接收声波的器官，能把外界的声波聚拢来，传到中枢神经，从而让蚊子"听到"声音。蚊子在飞行时不断地抖动触角，就是为了更好地收集周围的声波。

飞机的轮胎是空心还是实心的？

飞机的轮胎为空心充气设计，内部填充高纯氮气以增强稳定性和安全性，采用无内胎、双胎面结构承受冲击，兼具减震缓冲、散热及轻量化特性。

海水里的盐分主要来自哪里？

海水里的盐分主要来自陆地。河流在奔向大海的途中，会收集沿途的盐分和泥沙，最终汇入大海。盐分不能像水一样轻松地蒸发到大气中，随着时间累积，海洋中的盐类物质越积越多，海水也就变得越来越咸。

二进制算术是谁发明的?

二进制算术由德国数学家莱布尼茨于1679年发明的。他系统建立0和1的运算体系，1703年发表了论文《论二进制算术》详细论述了规则。

布谷鸟是哪种鸟的别称?

人们常用布谷鸟指杜鹃，主要是因为杜鹃的叫声类似"布谷"，而且它迁徙的时间正赶上播种谷物的季节，像是在提醒农民注意农时，所以人们经常把杜鹃称为布谷鸟。

哪一部古代著作被称为"中国科学史上的里程碑"?

《梦溪笔谈》由北宋沈括编撰，涵盖自然、技术、社会等学科，首创综合性笔记体科学著作。李约瑟誉其为"中国科学史上的里程碑"，是古代科技体系化的总结。

哪座古代名桥被称为"天下第一桥"？

我国的赵州桥被誉为"天下第一桥"。它由著名匠师李春设计建造，桥体雄伟，结构独特，始建于隋朝，距今已有1400余年，是我国造桥史上的杰作，也是世界现存年代最久远、跨度最大、保存最完整的单孔坦弧敞肩石拱桥。

祖冲之计算出的圆周率精确到了小数点后几位？

祖冲之是我国南北朝时期杰出的数学家，早在公元480年，他就将圆周率的推算结果精确到了小数点后7位。这个纪录在世界上保持了近千年的时间，展现了古代中国数学的高度发展。

我国发射的第一颗人造地球卫星在太空播放的是什么乐曲？

1970年4月24日，我国第一颗人造地球卫星"东方红一号"发射成功。随后，一曲悠扬的《东方红》乐曲在浩瀚太空奏响。这首乐曲由电子音乐合成，通过短波无线电信号传回地球。

世界上牙齿最多的动物是什么？

蜗牛的触角中间往下一点儿有个小洞，是它的嘴巴。它嘴里有条锯齿状的舌头，被称为"齿舌"，上面长着数万颗细小而整齐的角质牙齿，这个数量其他生物无法比拟。众多牙齿让齿舌像锉板一样把植物磨碎，蜗牛再一点点吃下去。

哪种生态环境被誉为"地球之肺"？

森林被誉为"地球之肺"，它能够大量吸收二氧化碳，源源不断地制造氧气，调节着自然界的空气和水循环，具有固碳释氧、涵养水源、防风固沙、调节气候、保护生物多样性等多重功能。

丹顶鹤为什么经常单腿站立？

丹顶鹤单腿站立有助于保暖和平衡身体。丹顶鹤生活在寒冷地区，它们的脚没有羽毛，把一只脚缩进羽毛里可以减少热量损失。丹顶鹤的腿比较长，单腿站立可以减少疲劳和更好地保持平衡。

火星上有温室效应吗？

火星上的气候变暖是由于空气中的颗粒物质的出现，这些物质吸收了太阳的能量并向外辐射到大气层，导致火星平均温度上升。当火星靠近太阳时，往往会发生这些沙尘暴，又进一步导致了气温上升。

鸟类为什么喜欢吃小石子？

大多数鸟类没有牙齿，无法咀嚼食物，因此它们通过吞食小石子的方式来帮助磨碎食物。这些小石子被储存在肌胃中，通过挤压将食物研磨粉碎，起到辅助消化的作用。

蓝莓表面覆盖的白霜是什么？

蓝莓表面的白霜是果粉，是在生长过程中自然分泌出的果糖液，能够锁水，防止水分蒸发和病菌侵染，使其表面不容易因为湿度过高而滋生细菌。越是品质好的蓝莓白霜越浓，放久了白霜就会消失。

紫外线为什么能够用来杀菌?

紫外线杀菌法的主要原理是利用紫外线的辐射能量破坏细菌病毒中的DNA(脱氧核糖核酸)或RNA(核糖核酸)的分子结构,造成生长性细胞死亡和(或)再生性细胞死亡,从而达到杀菌消毒的效果。

"航天"和"航空"哪个的活动范围更高?

有航空航天领域,"航天"在"航空"之上。航空活动,包括飞机、高空气球等飞行,它们都发生在大气层,属于航空的范围;航天活动,如人造地球卫星的飞行,发生在几乎没有大气的高层区域,属于航天的范围。

人的眼睛为什么能看清远处的物体,又能看清近处的物体?

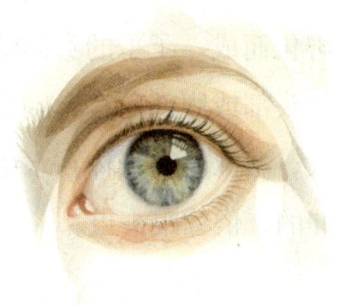

人的眼睛主要靠晶状体来调节光线折射,聚焦不同距离的物体。晶状体是眼球中的一个双凸面透明组织,具有弹性,人眼通过用睫状肌调节晶状体,改变晶状体的曲率来看清远近不同的物体。

细菌最早是在哪种物质中被发现的?

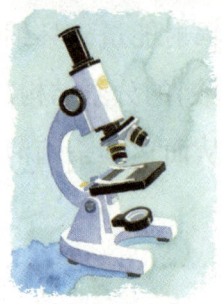

细菌最早在牙垢中被发现。17世纪后半叶,荷兰微生物学家列文虎克使用自己发明的显微镜,观察了一份牙垢样本,首次发现了细菌。当时的人们认为细菌是自然产生的,直到巴斯德的实验才揭示了细菌的真正来源。

鸟类的体温与人类一样吗?

鸟类的体温通常要高于人类。由于它们需要适应飞行等高耗能的运动,所以新陈代谢较快,会产生很多热量,因此鸟类正常体温要普遍高于哺乳动物,多数鸟类体温可达40℃~42℃。

"孑孓"是哪种动物的幼虫?

孑孓是蚊子的幼虫,是蚊子由卵长成蛹的中间阶段,由蚊卵在水中孵化而成。孑孓的身体细长,相对头部或腹部而言,胸部比较宽大,游泳时,身体在水中一屈一伸的,俗称跟头虫。

人的颈椎骨共有几块?

人体的颈椎由7块颈椎骨及椎间盘、韧带、椎间关节等结构相连而成，是脊柱椎骨中体积最小、灵活性最大、活动频率最高的节段。颈椎可以支撑头部，保护神经、血管和脊髓不受伤害，还能够帮助人体完成多种动作。

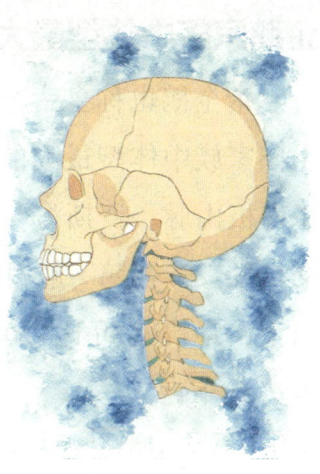

哪种动物以强大的嗅觉和挖洞能力而闻名?

穿山甲的视觉基本退化，主要依靠嗅觉来寻找食物。它们头部较小，嘴巴长，四肢粗壮，爪子和趾甲非常锋利，有利于挖掘洞穴。

宇宙中含量最多的化学元素是什么?

氢在元素周期表中位于第一位，是最轻的元素，也是宇宙中含量最多的元素，大约占据宇宙质量的75%。根据大爆炸理论，氢是宇宙中首先产生的元素，含量非常多，氢再逐渐通过原子核的聚变过程不断生成其他元素。

企鹅家族中体型最大的是哪种企鹅？

帝企鹅也称皇帝企鹅，是目前企鹅家族中体型最大的物种，分布于南极山脉、罗斯海与罗斯冰棚的交接处。帝企鹅一般身高在90厘米以上，最高者可达120厘米，体重可达50千克。

谁被誉为"世界光学第一人"？

墨子首次发现了光线沿直线传播，并进行了小孔成像实验，被誉为"世界光学第一人"。墨子所著的《墨经》最早记载了小孔成像现象，是最早有记载的完整的光学实验，比古希腊有记录的科学实验早了一百多年。

电视的音量越大，耗电量越大吗？

电视的音量大小与耗电量成正比，音量越大耗电量则越大。数据显示，音量每增加1格，就需要增加3至4瓦的功耗，如果电视的音量太大，相应的功耗会增加很多，还会缩短电视的使用寿命。

火箭发射升空时掉落的白色碎片是什么？

火箭发射过程中掉下来的碎片是包裹在整流罩上的保温层，用于保护仪器舱和整流罩内待发设备，一般为泡沫材料。因为发射中心的环境温度通常较低，为了使这些设备保持稳定的状态，于是就在火箭外层穿了一件"保暖衣"。

世界上栖息海拔高度最高的灵长类动物是什么？

滇金丝猴是我国特有的一级珍稀濒危保护动物，也是世界上栖息海拔高度最高的灵长类动物。它终年生活在海拔2500米以上、冰川雪线附近的高山针叶林中。

如果在太空空间站中点燃蜡烛，火焰会近似哪种形状？

地球上有重力作用，蜡烛燃烧后的热气上升、冷气下降形成浮力对流，火焰近似锥形。但空间站的微重力环境几乎消除了这种浮力对流，燃烧后的气体向各个方向运动的趋势相同，因此不管蜡烛朝向哪个方向，火焰都近似球形。

哪种植物拥有目前世界上最大的种子?

　　海椰子是一种珍稀濒危植物,植株高大,通常需要20～40年才能开花结果,它的果实内长着目前世界上最大的种子。单粒种子长约50厘米,宽约30厘米,可重达30千克,是目前已发现的最重的植物种子。

猫咪是近视眼吗?

　　猫属于夜行性动物,晶状体和角膜比较发达,能够将更多的光线引入眼球,所以夜视能力和动态视力敏锐。但晶状体的发达也导致屈光度偏高,视觉清晰度降低,所以猫咪通常是近视眼,视力大约是人类的十分之一。

为什么大象用鼻子喝水不会被呛到?

　　大象的鼻腔结构比较特殊,鼻腔后面长有一块软骨,用鼻子吸水时,软骨会将气管口盖上,使水不进入气管,也就不会进入肺里,防止呛水。当它将水喷到嘴里,软骨又会自动张开,以保持正常呼吸。

啄木鸟啄树时，嘴会卡在木头里拔不出来吗？

研究发现，啄木鸟啄树时，喙（鸟类的嘴）经常会被卡住，但啄木鸟能通过交替移动上下喙迅速使自己脱困。啄木鸟将喙用力戳进木头之后，会将头向旁边轻微扭转，这一动作可以让喙尖在木头之间制造出空隙，从而顺利抽出鸟喙。

熊猫宝宝刚出生时是什么颜色的？

熊猫宝宝刚出生是粉色的，随着它慢慢长大，毛发开始愈加浓密，眼睛周围、耳朵及四肢会长出黑色的毛发，鼻子上虽然没长毛，但经过一段时间后也会出原来的皮肤色变为黑色，最终长成黑白相间的样貌。

为什么超市的购物小票用指甲划一下就有黑色的痕迹？

购物小票用的是一种特殊的热敏纸，只要温度一高就会变黑，指甲瞬间划过产生的热量很容易使它变黑。热敏纸的制作原理就是在普通纸上涂一层热敏变色层，打印时受热会发生反应，从而在纸上留下痕迹。

"高原之舟"指的是哪种动物？

牦牛是高原地区特有的珍稀牛种，也是高原牧民的常见家畜。牦牛身上的长毛可遮风挡雨，是典型的高寒动物，既可用于农耕，又可作为高原运输工具，因此被称为"高原之舟"。

蜘蛛是一种昆虫吗？

蜘蛛不是昆虫。昆虫的主要特征是身体分为头、胸、腹三部分，成虫通常有两对翅膀和六条腿。而蜘蛛属于蛛形纲动物，只有头、腹两段，还长着八条腿，所以并不属于昆虫。

哪种鸟类只有两个脚趾？

鸵鸟是世界上现存唯一的只有两个脚趾的鸟类。两个脚趾既可以减少摩擦和重量，提高速度和灵活性，也方便长时间行走和站立。鹦鹉和大部分鸟类一样有四个脚趾，既有利于抓握树枝，也方便抓取食物。

我国哪种淡水鱼有"亚洲美人鱼"之称?

胭脂鱼是一种名贵的观赏鱼,也是我国特有的淡水珍稀物种、国家二级保护动物,分布于长江水系和闽江地区。胭脂鱼的外表美丽,色彩绚丽,明艳醒目,素有"亚洲美人鱼"之称。

老虎身上颜色鲜艳的斑纹有什么作用?

老虎的斑纹是它的保护色,有助于隐藏自己。虽然在人类眼中,老虎的皮毛和斑纹很鲜艳,但老虎捕食的有蹄类哺乳动物是红绿色盲,看不见鲜艳的橙黄色,所以老虎的皮毛和斑纹能够有效地"隐身",方便老虎捕猎。

蝴蝶在雨中飞行时,为什么翅膀不会被打湿?

蝴蝶的翅膀之所以防水,是因为其表面有很多纳米级鳞片,层层叠加形成了一道防水屏障。当雨水在蝴蝶翅膀表面形成水滴时,鳞片之间的间隙还可以帮助水滴聚集,使雨水滑落而蝴蝶不会被打湿。

第六章 地理

美洲的全称是什么？

美洲全称"亚美利加洲"，因意大利探险家亚美利哥得名。哥伦布1492年误将美洲当印度，7年后亚美利哥确认这是新大陆。1507年德国学者马丁提议以"亚美利加"命名，后人仿其他大洲名将它改为"亚美利加洲"。

世界上首次飞越大西洋的人是谁？

1927年5月，美国飞行员查尔斯·林白驾驶单翼机"圣路易斯精神号"，从纽约直飞巴黎布尔歇机场，历时33.5小时完成首次单人无着陆跨大西洋飞行，引发全球轰动。

世界上第一个到达北极的人是谁？

美国探险家罗伯特·皮尔里进行北极探险20余年，1909年4月6日率助手亨森及4名爱斯基摩人成功抵达北极点，成为人类首位征服北极者。

世界上四大"死亡谷"分别在哪里?

世界上四大"死亡谷"分别位于印度尼西亚爪哇岛、美国的加利福尼亚州和内华达州之间、俄罗斯的堪察加半岛以及意大利的那不勒斯和瓦尔维诺湖附近。

"富士山"的名字有什么由来?

"富士山"名称源自阿伊努语,原意为"火之山"或"火神"。这座海拔3776米的休眠火山是日本最高峰,历史上曾喷发18次,目前仍存在喷气活动。

厄尔尼诺现象是什么天气现象?

厄尔尼诺现象指东太平洋周期性异常增温现象,西班牙语名称意为"圣子",得名于圣诞节前后的频发期。该现象引发南美洲西海岸暴雨,并通过大气环流引发亚洲东部气候异常,周期为2~7年。

拉尼娜现象是什么天气现象？

拉尼娜现象是厄尔尼诺的反相位现象，表现为太平洋海水异常降温达4℃。该现象引发美国中西部干旱、孟加拉国洪涝及加勒比海飓风频发。其西班牙语名称"女孩"，与厄尔尼诺形成气候对偶关系。

最早的天气预报起源于什么时候？

天气预报起源于1854年黑海风暴摧毁英法舰队的事件。天文学家勒威耶通过分析低气压移动路径，促成首个气象观测网建立，现代天气预报由此诞生。

雨的等级是怎么划分的？

雨的等级根据12小时或24小时降水量划分：

小雨（0.1~4.9毫米/12小时，或0.1~9.9毫米/24小时），雨滴清晰，地面微湿。

中雨（5~14.9毫米/12小时，10~24.9毫米/24小时），雨声明显，地面形成水洼。

大雨（15~29.9毫米/12小时，25~49.9毫米/24小时），雨幕密集，影响出行。

暴雨及以上（≥30毫米/12小时或≥50毫米/24小时），分为暴雨（50~99.9毫米/24小时）、大暴雨（100~249.9毫米/24小时）和特大暴雨（≥250毫米/24小时），易引发洪涝灾害。

云的种类有哪些？

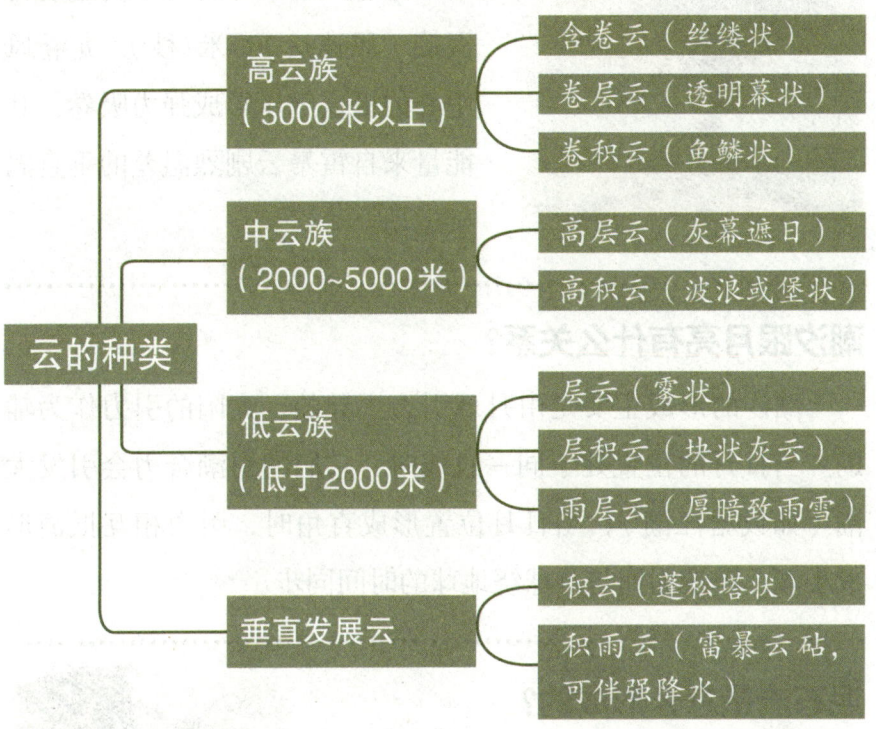

含卷云（丝缕状）
卷层云（透明幕状）
卷积云（鱼鳞状）

高云族（5000米以上）

高层云（灰幕遮日）
高积云（波浪或堡状）

中云族（2000~5000米）

云的种类

层云（雾状）
层积云（块状灰云）
雨层云（厚暗致雨雪）

低云族（低于2000米）

积云（蓬松塔状）
积雨云（雷暴云砧，可伴强降水）

垂直发展云

不同云类反映天气变化，如积雨云预示短时强降雨或冰雹。

哪种云预示着要下雨？

积雨云（浓黑、垂直发展）和雨层云（低厚灰暗）常预示降雨，前者多暴雨，后者带来持续性降水。

龙卷风的破坏力为什么那么大?

龙卷风的破坏力源于高速旋转涡旋（风速达300米/秒），龙卷风中心的极低气压形成强力吸卷，其能量来自雷暴云剧烈温差的垂直涡旋运动。

潮汐跟月亮有什么关系?

潮汐的形成主要是由月球引力主导的，太阳的引力作为辅助。当日月的位置处于同一直线时，它们的引潮合力会引发大潮（如钱塘江潮）；当日月位置形成直角时，引力相互抵消形成小潮。潮汐周期与月球绕地球的时间同步。

泥石流是怎么形成的?

泥石流的形成是由于暴雨、土质松散及人为破坏（滥伐、开挖），大量泥沙石块在重力与水流作用下高速流动。泥石流具有很强冲击力，会摧毁建筑、农田及基础设施。

地球上有哪七大洲?

地球上的七大洲面积从大到小依次为：亚洲、非洲、北美洲、南美洲、南极洲、欧洲、大洋洲。

地球上有哪四大洋？

　　地球上的四大洋包括：太平洋、大西洋、印度洋、北冰洋。太平洋的面积最大且最深，覆盖地球三分之一；大西洋呈"S"形，航运最繁忙；印度洋大部分位于热带，连接亚非大陆；北冰洋面积最小、深度最浅，终年冰盖。

北冰洋有哪些独特之处？

　　北冰洋是四大洋中最小最浅的大洋，冰盖终年不化，盐度最低，特有北极物种。现在海冰锐减，加速全球变暖，其航道具战略价值。

炎热的赤道附近有雪山吗？

　　赤道附近真的有雪山。赤道上最著名的雪山是乞力马扎罗

山，位于坦桑尼亚北部的大草原，海拔5895米，被称为"非洲屋脊"。它虽然位于赤道附近，但山顶上终年积雪不化，也被称为赤道雪山，是世界著名的旅游胜地。

我国的"五岳"是哪五座山？

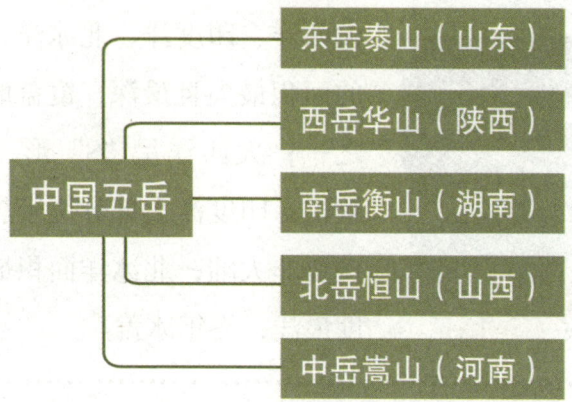

中国五岳
- 东岳泰山（山东）
- 西岳华山（陕西）
- 南岳衡山（湖南）
- 北岳恒山（山西）
- 中岳嵩山（河南）

世界的最高峰是哪座峰？

珠穆朗玛峰为世界最高峰，海拔8848.86米，位于中尼边境喜马拉雅山脉，山体呈金字塔状，气候极端恶劣，藏语意为"大地之母"。

世界上最低的地方是哪儿？

死海为世界最低点，湖面平均低于海平面415米，位于以色列、约旦和巴勒斯坦交界处。死海的含盐度极高，浮力也很大。

世界上哪个国家的金字塔最多？

苏丹的金字塔最多。苏丹位于非洲东北部、红海西岸，在苏丹的一处沙漠中，有一片200多座金字塔组成的金字塔群，这就是苏丹历史上著名的麦罗埃王朝陵墓群，它比整个埃及的金字塔数量还要多。

古代"陆上丝绸之路"的起点是哪个城市？

陆上丝绸之路起点为西汉长安（今西安），东汉时洛阳亦为起点，主要经甘肃、新疆至中亚、西亚及欧洲。

世界上有"白色大陆"之称的是哪里？

南极大陆因95％以上面积被冰雪覆盖得名"白色大陆"。南极大陆位于地球最南端，被太平洋、大西洋及印度洋包围，是最晚被发现的大陆。

世界上里程最长、工程最大的古代运河是什么？

京杭大运河始建于春秋时期，是世界上里程最长、工程最大的古代运河，它贯通了海河、黄河、淮河、长江、钱塘江五大水系，全长约1794千米。

雅丹地貌是怎么形成的?

"雅丹"在维吾尔语中意为"陡壁的小丘"。雅丹地貌是一种典型的风蚀地貌,后来泛指风蚀土墩和风蚀凹地的地貌组合,典型的雅丹地貌有新疆的乌尔禾魔鬼城、甘肃敦煌古海雅丹、新疆阿克吐别克五彩滩等。

火星也有南北极吗?

火星也有南极和北极。火星的两极覆盖着白色的、厚厚的极冠,主要成分是干冰(即固态二氧化碳)和水冰的混合物,这种混合物会随季节消长。

是南极更冷,还是北极更冷?

南极主要是被大陆冰盖覆盖的陆地,冰层厚且终年不化,而北极是被陆地包围的海洋,冰雪在夏季会大量融化。南极平均海拔高,导致温度更低;南极环流封闭,热量交换也比北极少。这些因素共同作用,使得南极比北极更寒冷。

哪座山被称为"天下第一奇山"？

黄山位于安徽省黄山市，是世界自然和文化双遗产、世界地质公园，以"黄山五绝"（奇松、怪石、云海、温泉、冬雪）著称于世，可以说"无峰不石、无石不松、无松不奇"，被誉为"天下第一奇山"。

下雪时，天气越冷，雪花越大吗？

雪花的大小与水汽凝华结晶时的温度密切相关，但并非气温越低雪花越大。数据显示，在温度为$-3\,℃$至$0\,℃$时，雪花形状最大、最完整。而在更严寒时形成的雪花晶体反而很小，直径往往不到0.05毫米，肉眼几乎看不见。

"鹅毛大雪"一定是暴雪吗？

"鹅毛大雪"描述的是雪花大小而非降雪量。暴雪是24小时内的降雪量达到10.0~19.9毫米。如果"鹅毛大雪"持续时间不长，并不一定是暴雪；而连绵细雪如果持续一整天，累积量也可能达到暴雪甚至大暴雪、特大暴雪的降雪量。

世界最大的温泉瀑布位于哪里？

螺髻九十九里温泉瀑布位于四川省凉山彝族自治州普格县乔窝镇，是一个集观赏、饮用、治疗于一体的氡温泉，2013年被世界纪录协会认定为世界最大温泉瀑布。

在北半球全年中白天最短的是哪一天？

冬至日太阳几乎直射南回归线，是北半球全年中白天最短、黑夜最长的一天，因此"冬至"又叫"日短至"，或"日南至"。冬至意味着为北半球冬季的开始，自此开始进入数九寒天。

在火星上能收集和使用太阳能吗？

在火星上获取太阳能并不容易，但太阳能仍然可以被收集利用，并成为火星探测器的动力来源之一。我国的祝融号火星车就选择太阳能作为能量来源，并且配备了一系列的特殊装置，保证了充足的能源供给。

地壳中含量最多的元素是什么？

氧是地壳中最丰富、分布最广的元素，也是构成生物界与非生物界最重要的元素，氧在地壳的含量为48.6%。铝元素在地壳中的含量仅次于氧和硅，居第三位，是地壳中含量最丰富的金属元素。

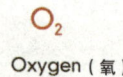

O_2

Oxygen（氧）

霜是从天上降下来的吗？

霜并非从天而降，而是一种地面凝结现象。霜是空气中的水汽在地面和近地面物体上凝华而成的白色松脆的冰晶，或是由露水冻结而成的冰珠，进入霜降节气，就代表着天气逐渐变冷，露水凝结成霜。

我国哪个城市曾被旅行家马可波罗称为"东方威尼斯"？

苏州位于长江三角洲中部、江苏省东南部，东傍上海，南接浙江，西抱太湖，北依长江，是历史悠久的江南水乡。早在公元13世纪，意大利旅行家马可波罗游历苏州时，就在自己的游记中将苏州赞誉为"东方威尼斯"。

有"大地伤疤"之称的裂谷带在哪里？

东非大裂谷是纵贯非洲东部的地理奇观，是地球上最长的裂谷带，由三千万年前地壳板块运动造成地层断裂而形成，有"大地伤疤"的称号。裂谷底部是狭长的原野，两岸悬崖壁立，像筑起两道巨大的高墙，十分壮观。

世界上面积最大的半岛是哪个？

阿拉伯半岛位于亚洲西南部，是世界上面积最大的半岛，面积达322万平方千米。它南临阿拉伯海，西临红海，东临波斯湾，形态像一只巨大的靴子，是世界著名的交通要冲，素有"五海三洲之地"之称。

拥有热带雨林面积最多的是哪个国家？

巴西是全球拥有热带雨林面积最多的国家，面积达480万平方千米。世界最大的热带雨林——亚马逊雨林总面积550万平方千米，占世界雨林总面积的一半，横跨了8个国家，其中60%位于巴西境内。

世界上最大的内陆国是哪个国家？

哈萨克斯坦位于亚洲中部，北邻俄罗斯，东接中国，南与乌兹别克斯坦、土库曼斯坦、吉尔吉斯斯坦接壤，西濒里海，是世界上最大的内陆国，拥有272.49万平方千米的广阔领土。

寒潮和寒流是一回事吗？

人们通常把寒潮误称为寒流，其实两者并不同。寒潮是我国境内常见的一种灾害性天气，属于空气流动的一种形式。"寒流"指海洋上从高纬度低温区域流向低纬度高温区域的洋流，是一种海水运动方式。

在地球上能看到月环食吗？

当太阳、地球和月球运动到同一条直线时，位于中间的地球挡住了照向月亮的太阳光，就会出现月食现象。因为地球的体积比月球大很多，在月球轨道处的地球投影比月球大，所以地球上能看到月全食或月偏食，看不到月环食。

哪个高原被称为"亚洲水塔"？

青藏高原是我国最大、世界海拔最高的高原，也是地球上冰川分布最广泛的地区。青藏高原上分布着面积广大的积雪和冻土区，储存了丰富的淡水资源，是亚洲众多大江大河的发源地，因此被称为"亚洲水塔"。

第七章 饮食服饰

冰激凌是怎么来的?

冰激凌的起源可以追溯到公元前4世纪左右,当时波斯人将冰雪与葡萄汁混合制成早期冷饮。唐朝时,人们将雪和水果、果汁混合在一起食用,后来,马可·波罗将类似配方从中国带回欧洲,经意大利人改良,形成了现代冰激凌的雏形。16世纪,意大利美第奇家族的厨师发明了用盐降低冰点的方法,使冰激凌质地更细腻,在17世纪由法国推广至全球。

酸奶是怎么来的?

大约在公元前5000年左右,古代游牧民族将鲜奶存放在动物皮囊或陶罐中,天然乳酸菌在适宜温度下发酵,使牛奶变酸、凝固,形成了最早的酸奶。后来,土耳其人、中亚民族和保加利亚人将其发展为传统食品。20世纪初,俄国科学家梅契尼科夫研究其益生作用后,酸奶逐渐成为全球流行的健康食品。

碳酸饮料是怎么来的?

　　碳酸饮料的起源可以追溯到18世纪中后期,英国化学家约瑟夫·普里斯特利在1767年偶然发现将二氧化碳注入水中会产生气泡,制成了最早的"苏打水"。后来,瑞典化学家托尔贝恩·伯格曼改进了人工碳酸化技术。19世纪初,美国药剂师开始往碳酸水里添加糖、果汁和香料,创造出早期的汽水,碳酸饮料逐渐风靡全球。

可口可乐是怎么诞生的?

　　可口可乐的诞生源于一次意外发明。1886年,美国药剂师约翰·彭伯顿本想调配一种治疗头痛和疲劳的药用糖浆,他在混合古柯叶提取物、可乐果、糖、碳酸水和香料时,意外创造了这种风味独特的棕色糖浆。他的助手误将它与苏打水混合,结果产生了气泡口感。商人阿萍·坎德勒购得配方,定位成大众饮料,可口可乐从此大受欢迎。

口香糖是怎么产生的?

　　口香糖的起源可以追溯到数千年前,不同文明都有咀嚼天然树脂或树胶的习惯。19世纪,美国商人约翰·柯蒂斯受土著启发,将云杉树脂加蜡和糖,制成首批商业化口香糖。1869年,墨西哥流亡将军带来的人心果树胶被托马斯·亚当斯意外制成首款风味口香糖。现代口香糖主要用合成胶基替代天然树脂,并混合甜味剂和香料制成。

巧克力是怎么诞生的？

巧克力最初起源于中美洲，当地人首次将野生可可树的果实加工成饮料。16世纪，西班牙殖民者将可可豆带回欧洲，当地人加入糖和蜂蜜改良口味，巧克力饮料风靡贵族阶层。1828年，荷兰人发明了可可压榨法，分离出可可脂与可可粉；1847年，英国首次将可可脂、糖和可可浆混合，压模制成第一块固体巧克力，现代巧克力由此诞生。

巧克力是怎么制作的？

巧克力的制作是一个从可可豆到成品的精细过程，主要分为以下步骤：

1. **采收与发酵**：将成熟的可可果剖开，取出可可豆和白色果肉，堆积发酵5～7天，产生巧克力特有的香气。

2. **干燥与烘焙**：将发酵后的可可豆晒干或烘干，再经高温烘焙，进一步激发其风味。

3. **破碎与研磨**：将去壳后的可可豆碎粒研磨成黏稠的可可浆，高温下会分离出可可脂。

4. **调配与精炼**：在可可浆中加入糖、奶粉（牛奶巧克力）、香草等配料，经精炼机长时间研磨，使其口感更细腻。

5. **调温与成型**：将液态巧克力通过精确控温冷却，使可可脂结晶稳定，最后注入模具冷却固化。

6. **包装与熟成**：将脱模后的巧克力包装后，静置数周让风味融合得更好。

方便面是怎么产生的？

方便面的诞生源于二战后日本粮食短缺的困境，日清食品创始人安藤百福在当时自家后院的小屋里经过一年试验，通过"瞬间热油干燥法"成功将面条蒸煮后油炸脱水，制成世界上第一款方便面"鸡拉面"。这种加入热水即可食用的面条革命性地解决了面条的保存和烹煮问题，随后通过杯面的形式被推广到全世界。

汉堡包是怎么诞生的？

汉堡包的诞生可追溯至13世纪蒙古骑兵的便携肉饼，德国汉堡港的工人将其改良成"汉堡牛排"。19世纪末，美国摊贩

为方便顾客拿取，将肉饼夹入面包，这种"面包夹肉饼"在1904年的世博会后一炮而红，被媒体称为"汉堡包"。20世纪，随着麦当劳等连锁快餐的标准化生产，汉堡包从街头小吃变为快餐文化的象征。

面包是怎么诞生的？

早在约1万年前的新石器时，两河流域的人们就将野生小麦磨碎，混合水后摊在烧热的石头上烤制成饼。约公元前3000年，古埃及人偶然发现发酵现象，由此发明了最早的发面面包。之后，古希腊人和古罗马人改进了磨粉与烘焙技术。随着工业革命时期机械面粉厂和酵母培养技术的出现，面包逐渐普及全球。

面包是怎样制作的?

松软可口的面包不仅可以从商店购买，也可以自己动手做一做。

准备材料：面粉、鸡蛋、牛奶、水、糖、盐、酵母、黄油等。

和面：将面粉、糖、盐、酵母倒入大碗，搅拌均匀。然后倒入牛奶或水，打入鸡蛋，用筷子将它们搅成絮状。

揉面：将面团取出，在台面上揉搓10~15分钟，直到面团光滑不粘手。

加黄油：在揉好的面团中加入软化的黄油，继续揉至能拉出薄而不破的"手套膜"。

一次发酵：把面团揉圆，放入碗中，盖上保鲜膜发酵，待面团的体积增大约一倍。

排气：取出面团轻拍排气，然后将它分成2~3等份，揉圆后盖湿布松弛15分钟，放到吐司盒中或做成喜欢的形状。

二次发酵：在面团上盖上湿布，继续发酵，直到面团轻按后会缓慢回弹。

烘烤：预热烤箱，然后将面团放入烤箱中烘烤。

出炉：取烤好的面包，晾凉后就可以享用啦!

三明治是怎么诞生的？

三明治的诞生可以追溯到18世纪的英国。1762年，沉迷于打牌的第四代三明治伯爵约翰·蒙塔古为了在牌桌上边玩边吃，命令仆人将冷牛肉夹在两片面包之间，这种免餐具的吃法迅速在贵族圈流行起来，并根据他的爵位被命名为"三明治"。

咖啡是怎么诞生的？

咖啡的起源可以追溯到公元9世纪的埃塞俄比亚。传说牧羊人卡尔迪发现羊群啃食咖啡果后异常兴奋，于是将它带给修道院，僧侣们意外发现烘焙后的咖啡豆能提神醒脑。15世纪，阿拉伯人用咖啡豆制成最早的饮用咖啡。17世纪威尼斯商人将咖啡引入欧洲。大航海时代的殖民者又将咖啡树移植到东南亚和美洲，最终让这种黑色饮料风靡全球。

比萨是怎么诞生的？

比萨的来源说法众多，有人认为它起源于中国的馅饼，有人认为它起源于古波斯。现代比萨的雏形源于16世纪意大利那不勒斯，当地渔民将番茄、大蒜和橄榄油铺在发酵面饼上烤制，制成廉价的平民美食。1889年，意大利厨师为王后制作了代表国旗颜色的"玛格丽特比萨"，使比萨成为意大利的经典美食。

薯片是怎么诞生的？

薯片的诞生源于一次恶作剧。1853年，美国厨师乔治·克鲁姆因为顾客抱怨他做的法式炸薯条"太厚、不够脆"，故意将土豆切成纸一样的薄片，炸至金黄酥脆，没想到这种做法大受欢迎。20世纪20年代，土豆削皮机的出现和赫尔曼·雷的推广，使薯片从餐厅小吃成为全球畅销零食。

热狗是怎么出现的？

19世纪中叶，德国移民将家乡的香肠带到了美国。街头小贩最初直接售卖水煮或烟熏香肠，但顾客总是抱怨香肠烫手，于是，机灵的纽约摊主便想到将香肠塞进对半切开的小面包里，这样既能保温又方便手持。20世纪后，搭配黄芥末、酸菜和洋葱的热狗，通过棒球场和快餐车风靡美国。

罐头是怎么出现的？

1795年，法国政府悬赏1.2万法郎寻求军粮保存技术。1810年，巴黎厨师尼古拉·阿佩尔发现将食物密封在玻璃罐中并煮沸，可长期保存，他由此获得了奖金。同年，英国商人彼得·杜兰德改用更坚固的马口铁罐保存食物，取得了专利。1825年，美国建立世界首个罐头工厂。早期开罐需用锤子和凿子，直到1858年开罐器出现后，罐头才真正普及。

通心粉是怎么出现的？

通心粉的雏形可追溯至9~11世纪，阿拉伯商人通过西西里岛传入意大利的干面条。但面条演变为管状，要归功于中世纪那不勒斯工匠的创意——他们在面团中插入细杆制成空心面，以便更好地吸附酱汁并延长保存时间。18世纪工业革命时期，通心粉实现了机械化生产，19世纪传入美国后被改良为盒装速食。

乌冬面是怎么来的？

乌冬面的起源可以追溯到公元8世纪的日本奈良时代，其诞生与日本和中国唐朝的饮食文化交流密切相关。当时，日本遣唐使将中国的切面技术带回本土，结合日本小麦种植条件进行了改良。最初在寺庙中，这种食物被称为"馎饦"（与唐代面食同名），后逐渐演变为使用粗盐水和面、手工揉制的粗面条。

西装是什么？

西装是一种源自17世纪欧洲的现代标准服饰，以立体剪裁和挺括线条为特点，由配套的外套、西裤和马甲组成。西装的原型可追溯至法国路易十四时期的军礼服，19世纪经英国萨维尔街裁缝改良后定型，通过收腰设计和垫肩处理，兼顾优雅与功能性。随着工业革命推广，西装从贵族专属演变为全球通行的商务正装，并衍生出单排扣、双排扣等经典款式。

和服是什么?

　　和服是日本最具代表性的传统服饰,其名称直译为"穿着之物",起源于奈良时代对中国唐代服饰的借鉴,后逐渐本土化,形成独特风格。和服采用直线剪裁的T型平面结构,以右衽交叠为规范,通过宽腰带固定并搭配各种结饰,不同款式对应严格的穿着场合与身份象征,至今和服仍是日本成人式、婚礼等重要仪式的礼服。

T恤衫是怎么出现的?

　　关于T恤衫的来源,一种说法是17世纪时,为了在女王参观战舰时不失礼数,英国水手给背心缝上了短袖。19世纪末,美国海军水手开始穿着轻便的白色棉质短袖衫。20世纪20年代,这种"汗衫"被纳入美军标准内衣。1951年,马龙·白兰度在电影中身穿白T恤的造型引发模仿狂潮,使其从内衣成为外穿时尚服饰。

雨衣是怎么出现的?

　　1823年苏格兰化学家查尔斯·麦金托什偶然发现橡胶溶液有防水特性,他将两层布料夹橡胶制成首件防水外套。但初期因橡胶异味和僵硬遭到嫌弃,直到19世纪中期,硫化技术被改良后,雨衣才成为实用防雨装备。20世纪随着尼龙等合成材料问世,雨衣变得更轻便、更廉价。

牛仔裤是怎么诞生的？

1853年，德国移民李维·斯特劳斯在美国旧金山贩卖帆布帐篷，他发现淘金矿工急需耐磨的工作裤，遂将棕色帆布改制成工装裤。这种裤子同时受到了美国牛仔的欢迎。1873年，他与裁缝雅各布·戴维斯合作，用铜铆钉加固裤袋和裤裆易裂部位，并注册专利，第一条现代牛仔裤就此诞生。

喇叭裤是怎么出现的？

16世纪，欧洲水手为方便卷起裤腿干活并快速脱掉被打湿的裤子，设计出上窄下宽的裤型。在20世纪60年代的美国反文化运动中，嬉皮士将海军旧货店的喇叭裤作为反抗主流符号，搭配摇滚乐风靡全球。在20世纪70年代的迪斯科热潮中，夸张的及地喇叭裤搭配厚底鞋成为舞池标配，而约翰·特拉沃尔塔在《周末夜狂热》的造型将喇叭裤推向时尚顶峰。

风衣是怎么出现的？

1856年，英国裁缝托马斯·伯贝里发明了一种防水斜纹棉布，为军官设计出一款轻便的防雨外套。第一次世界大战期间，英军将这种带有肩章、D型环和双排扣的"战壕风衣"列为标准装备。二战期间，英国情报员还曾用风衣掩盖无线电设备。战后，退伍军官将风衣带入了民间。

燕尾服是怎么出现的?

18世纪，热衷狩猎的英国贵族为方便骑马，将传统礼服后摆剪开成燕尾状，意外创造了前短后长的优雅廓形。19世纪初，布鲁梅尔等时尚偶像将其改良为晚间正式着装。1846年，英国维多利亚女王首次在宫廷舞会法典中确立燕尾服搭配白领结、马甲与漆皮鞋作为最高着装。如今，燕尾服多在剧院、舞会等场合出现。

高跟鞋是怎么出现的?

高跟鞋最初是15世纪的波斯骑兵为稳固马镫而设计的实用马靴，其粗跟结构能防止脚从马镫滑脱。16世纪，这种鞋传入欧洲后，被法国贵族转化为权力象征，路易十四还颁布法令，规定只有王室能穿红色高跟鞋。18世纪启蒙运动时期，高跟鞋逐渐成为女性专属时尚。

手套是怎么出现的?

手套最早可追溯至旧石器时代，原始人用兽皮包裹双手御寒劳作。古埃及法老图坦卡蒙墓中出土的亚麻礼仪手套标志着手套成为权贵的象征。中世纪，欧洲骑士的铁链手套兼具战斗与礼仪功能。文艺复兴时期，手套开始演变为时尚配饰。19世纪工业革命后，手套分化出医用橡胶手套、工人防护手套等实用品类。

领带是怎么出现的？

领带起源于17世纪的欧洲。当时，法国雇佣的克罗地亚骑兵将彩色布条系在脖颈上，路易十四在巴黎街头看到后，被这种装扮吸引并将其引入宫廷，由此发展出领带的前身。19世纪工业革命时期，领带逐渐标准化并出现多种系法。1924年，纽约裁缝发明了斜纹剪裁法，为领带的款式定了型。

胶鞋是怎么出现的？

在19世纪前，南美土著就用橡胶树汁涂抹在脚上晾干，制成原始防水套鞋，但这种树汁遇热会变黏、遇冷则脆裂。1839年，美国发明家查尔斯·固特异偶然发现橡胶与硫磺加热后会变得稳定耐用，解决了这一问题。19世纪50年代，英国率先将硫化橡胶应用于防水鞋制作，生产出首批实用的胶底雨靴。

拉链是怎么产生的？

拉链的诞生经历了漫长的技术改良。1851年，缝纫机发明者以利亚·豪首次提出类似的构想但未实施。1893年，惠特科姆·贾德森开发出首个实用型钩环式扣件，但它的性能并不稳定。1913年，瑞典工程师吉迪恩·桑德巴克发明现代拉链的原型——采用交错咬合金属齿的可分式扣件，实现了可靠开合。

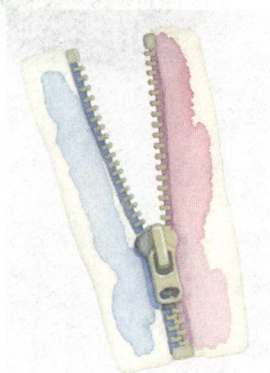

眼镜是怎么出现的？

眼镜的雏形最早出现在公元1世纪，罗马皇帝尼禄曾用翡翠磨制的凹透镜观看角斗比赛。10世纪中国宋代文献《洞天清录》记载了名为"叆叇"的水晶镜片，这是世界上最早的老花镜。13世纪意大利的玻璃工匠改良出可夹在鼻梁上的双凸透镜眼镜，成为现代眼镜的起源。

戒指是怎么出现的？

早在原始时期，人类就用草绳、骨头或兽皮环束手指，作为部落归属或巫术护身符。古埃及时期，法老用黄金锻造蛇形戒指象征永恒，墓葬壁画显示戒指已用于印章和爱情誓言。古罗马时期，铁质戒指开始象征婚姻契约。基督教兴起后，教会规定婚戒要戴在左手无名指上。

第八章 风俗礼仪

握手礼是怎么来的？

握手礼的起源可以追溯到古代欧洲，战士们在会面时伸出右手（持武器的手）相握，以示手中没有武器，表达和平的诚意。中世纪的骑士文化将其发展为一种贵族礼仪。17世纪英国贵格会进一步推广握手礼，将其作为平等相待的象征。19世纪工业革命时期，握手礼因其简洁、平等的特点成为国际通行的社交礼仪。

脱帽礼是什么？

脱帽礼起源于中世纪的欧洲骑士文化，最初是战士掀起头盔面罩以示友好的动作，后简化为触碰帽檐，后来又演变为社交场合中男性摘下帽子表示尊重的礼仪规范。

在18世纪，法国宫廷要求平民遇贵族必须脱帽。19世纪，脱帽礼演变为西方见面、道歉、致谢时的标准动作。如今，脱帽礼仅保留在少数正式场合。

碰杯的礼仪起源于什么?

关于碰杯的礼仪的起源,主要有三种说法:一是中世纪的欧洲人相信酒杯碰撞的声音能驱赶恶灵;二是文艺复兴时期意大利贵族通过碰杯使酒液飞溅混合,以证明酒中无毒;三是17世纪威尼斯玻璃工匠发现水晶杯相碰会产生悦耳鸣响,逐渐发展为社交礼仪。

日本人吃拉面时为什么要发出声音?

在日本拉面文化中,吃面时发出吸溜声是一种表达享受和尊重厨师的独特礼仪。这种习俗源于江户时代的街头摊贩文化,快速吸食既能增强对面条和汤底的香气感知,又能避免热汤烫口,同时响亮的吸面声被视为对厨师手艺的赞赏。

泰国合十礼代表什么意思?

泰国的合十礼是融合佛教文化与社交礼仪的独特问候方式,双手合十的位置高低传递着不同的敬意——指尖轻触鼻尖用于平辈,抵至眉心表示对长辈或僧侣的尊崇,指尖顶额头用于对王室或佛像的敬意。这一动作既体现了"手中无武器"的古老善意,又避免了身体接触可能带来的冒犯。

印度人摇头代表什么意思？

印度人的摇头动作是一种独特的非语言交流方式，摇头幅度的不同代表着不同的含义。

缓慢左右晃：表示"是、同意"，它源自泰米尔文化中模仿蛇点头的古老习俗。

快速左右摆：表示"不、拒绝"，类似西方摇头。

倾斜晃动：表示"也许、不确定"，常见于市场议价。

点头和摇头的动作混在一起：可能表示礼貌性附和而非真同意。

不同响声的礼炮各有什么不同的含义？

国际通行的礼炮鸣放规则根据场合性质有严格区分，其声响次数构成一套精密的礼仪密码体系。

21响：17世纪英国海军规定军舰鸣炮7响，岸炮则3倍回应形成21响。现在21响礼炮用于迎接现任国家元首、皇室成员等，代表最高礼遇。

19响：迎接政府首脑。

70响：庆祝中华人民共和国成立70周年大会中鸣放。

96响：2022年英国女王伊丽莎白二世逝世，荣誉炮兵团在伦敦塔前鸣放。

毛利人的碰鼻礼象征什么？

毛利人的碰鼻礼是一种神圣的问候仪式，双方前额相贴、鼻尖轻触，通过交换呼吸实现灵魂层面的连接。这一传统源自毛利人的创世神话，象征生命气息的共享与信任契约的建立，完成仪式后双方即被视为"一家人"。在现代新西兰，从官方典礼到文化体验，碰鼻礼仍是毛利文化认同的核心标志。

在挪威的传统婚礼中，人们会在蛋糕里藏什么？

在挪威的传统婚礼中，人们会在高达18层的蛋糕里藏一枚金或银戒指，有时也会是杏仁饼戒指，宾客分食蛋糕时，咬到戒指的未婚人士会被认为是下一个结婚的人，已婚人士则被认为会交好运。这一习俗源自维京时代的庆功宴传统，当时的战士会在蜂蜜蛋糕中藏入战利品。

印度婚礼上的新娘为什么在手脚上画满图案？

印度新娘有在婚礼上绘制海娜手绘的传统，它源自古老的祝福仪式与实用智慧。这些繁复的蔓藤花纹不仅是婚姻繁荣的象征，也因为海娜能帮助新娘缓解婚礼日的炎热与紧张。印度教文化认为，海娜的颜色深浅能预示婚姻幸福度——色泽越深红，代表丈夫的爱意越浓。

苏格兰的男人为什么有穿苏格兰裙的传统？

苏格兰的男人穿苏格兰裙的传统源于16世纪高地牧民的实用着装，当时人们用长达5米的格子呢包裹全身作为多功能服装。18世纪，英格兰颁布《着装法案》禁止穿着苏格兰裙后，它反而成为民族反抗的象征。19世纪，在维多利亚女王的推崇下，苏格兰裙演变为正式礼服。

西班牙的"番茄大战"源自什么？

西班牙的"番茄大战"起源于1945年布尼奥尔镇的一场街头冲突。据说，当时一名年轻人在游行中被推倒后抓起路边的番茄还击，引发群众混战，意外演变为该国的年度传统。尽管早期因浪费食物被政府禁止，但当地民众坚持举办番茄大战，最终发展成用过熟番茄进行的有严格规则的狂欢活动。

印度的洒红节是什么节日？

印度的洒红节是每年春季举行的古老节日，源于印度教中一段善良战胜邪恶的神话。节日期间，人们互相抛洒彩色粉末、泼洒颜料水，打破种姓、性别和阶级界限，象征新生与平等。洒红节如今已成为印度最富感染力的全民庆典，并衍生出全球各地的色彩狂欢活动。

因纽特人见面时怎么打招呼？

因纽特人见面时会通过轻触鼻尖和额头来打招呼。这种亲密礼节仅限家人、挚友之间，既承载着他们"共享生命气息"的古老信仰，又解决了严寒中摘手套握手的风险，如今仍是加拿大北极运动会等场合的一种文化标志。

日本的茶道是什么？

日本茶道是一种以"抹茶"为核心的仪式化生活艺术。它起源于中国唐代的饮茶习俗，15～16世纪日本禅僧革新、发展为融合禅宗哲学、礼仪美学与社交文化的综合体系。其核心精神为"和敬清寂"，强调和谐、敬畏、清净与孤寂的境界，通过精确的点茶流程、茶室设计和器物鉴赏，引导参与者在片刻茶事中体悟"一期一会"的禅意。

日本人怎么庆祝新年？

日本人从12月下旬便开始准备庆祝新年：做大扫除，摆放门松和镜饼迎接年神。除夕夜他们会吃荞麦面祈求长寿，寺院敲108响钟声，寓意破除烦恼。元旦清晨，他们会全家穿着和服去诣神社祈福。新年期间，他们会享用有着不同吉祥寓意的御节料理，还会给孩子们发压岁钱。

英国人怎么庆祝新年?

在12月31日跨年夜,伦敦泰晤士河畔会举行盛大的烟花表演,伴随大本钟的午夜钟声,人们互相祝福,庆祝新一年的到来。苏格兰保留着独特的"第一只脚"习俗,新年第一位踏入家门的客人需携带象征好运的煤炭、面包或威士忌。元旦当天,伦敦市中心举行热闹的花车游行,勇敢的人还会参加冰泳挑战。

法国人怎么庆祝新年?

法国人庆祝新年的方式非常浪漫。跨年夜他们会享受有鹅肝、生蚝、松露等的丰盛家宴,观赏埃菲尔铁塔的烟花。午夜时分,人们以香槟干杯并互相行"双颊吻",陌生人也不例外。

德国人怎么庆祝新年?

德国人在庆祝新年时同样会享受美食,和亲友团聚。在德国北部乡村,还有一项特殊的庆祝活动——爬树比赛。参赛者要徒手攀爬10多米高的光秃云杉,争夺悬挂在树顶的旗帜或铃铛。这项起源于18世纪渔民社区的民俗活动,寓意"攀得越高,新年运道越好"。

西班牙人怎么庆祝新年？

西班牙人的除夕夜通常以丰盛的家庭晚餐开始，常见菜肴包括海鲜、烤羊肉或火腿。当午夜的钟声敲响时，他们会随着每一声钟响吃一颗葡萄，总共吃下十二颗，象征未来十二个月的好运气。他们还会在钟声敲响时手握硬币或金饰，寓意来年财源滚滚。

泰国人怎么庆祝新年？

泰国传统新年是每年4月的宋干节，人们会走上街头互相泼水，象征洗去霉运，迎接新年。年轻人向长辈行洒水礼，长辈则会给予祝福。在寺庙里，人们会用香水或清水淋洒佛像，表达尊敬并祈求好运，还会在寺庙旁用沙子堆塔，象征积德行善。

印度排灯节是什么节日？

印度的排灯节是印度最盛大的节日之一，含有"光明驱散黑暗，善良战胜邪恶"的意义，人们在每年10～11月庆祝这一节日，庆祝活动会持续5天。那时节，家家户户点燃油灯、挂彩灯，现代则演变成灯光秀和烟花狂欢。这个节日还被视为财富女神的生日，人们绘制彩色地画迎财富女神、互赠甜食，商人还会换新账本讨彩头。

西班牙的奔牛节是什么节日？

西班牙奔牛节是每年7月6日至14日在潘普洛纳举行的世界著名节庆，起源于13世纪纪念城市守护神圣费尔明的宗教活动。节日期间，每天清晨8点会有6头重达半吨的公牛被放出，在825米长的狭窄石街追逐上千名冒险者，

参与者需在2～3分钟内狂奔至斗牛场。这项活动充满危险，因此有争议。

结婚时新娘为什么会穿婚纱？

婚纱的起源可追溯至古罗马时期，当时新娘会穿着白色束腰外衣搭配橙色面纱参加婚礼，这一传统奠定了现代婚纱的基调。中世纪时，欧洲贵族新娘为彰显家族地位，普遍穿着由红色天鹅绒或珍贵毛皮制成的华服。现代婚纱真正定型始于1840年英国维多利亚女王的世纪婚礼，她突破传统，选择白色绸缎婚纱，引发全球效仿，自此白色成为婚纱主色调。

法国的贴面礼是什么礼仪？

法国的贴面礼是一种充满仪式感的社交礼仪，行礼时虚贴对方脸颊，嘴唇轻碰空气并发出轻柔的啵声，实际并不真正接触皮肤。这项传统在不同地区存在微妙差异，巴黎人通常轻贴两次，普罗旺斯地区可能增至三到四次，而布列塔尼部分地区则简化为一次。这种问候方式常见于亲友或熟人之间，商务场合仍以握手为主。

日本的鞠躬礼代表什么含义？

日本的鞠躬礼是一种通过弯腰角度和时长来表达不同敬意的传统礼仪。15°鞠躬加轻微点头代表日常问候，30°标准鞠躬用于正式场合，45°深鞠躬则用于郑重道歉或表达最高敬意。这种独特的身体语言既体现了日本社会的等级观念，也反映了避免肢体接触的文化传统，至今仍在各种场合广泛应用。

在泰国为什么不能随意摸别人的头？

在泰国传统文化中，头部被视为人体最神圣的部位，承载着个人的灵魂与精神力量，因此严禁随意触摸。这一禁忌源于佛教信仰与社会等级观念。即使是表达亲昵的摸头动作，也会被视为对他人的不敬，触碰儿童或僧侣的头部更是一种严重的冒犯。

理发店门口为什么要摆放三色旋转灯？

理发店门口大多会摆放由红、白、蓝条纹组成的三色旋转灯，关于它的来源，流传最广的说法是：在中世纪的欧洲，理发师兼营放血手术，灯中的红色代表动脉血，蓝色象征静脉血，白色指止血绷带，旋转设计则模仿了绷带缠绕铜杆晾干时的形态。1540年，英格兰国王批准成立理发师、外科医师联合会，这一标志成为行业认证。

一些欧美国家为什么忌讳数字13？

欧美国家对数字13的忌讳源自多重文化阴影的交织：在北欧神话中，第13位神灵洛基的出场引发了光明之神之死；历史上，1307年10月13日法国圣殿骑士团遭屠杀，更强化了人们的这一恐惧。这种根深蒂固的忌讳导致现代欧美社会普遍规避数字13。

墨西哥的亡灵节有什么习俗？

墨西哥亡灵节是在每年11月举行的独特祭奠仪式。人们搭建多层祭坛，摆放逝者照片、骷髅糖、亡灵面包和万寿菊花瓣，用欢庆的方式迎接亡灵归家。墓地彻夜点满蜡烛，家人团聚饮酒歌唱，用彩色剪纸和骷髅妆容演绎"死亡是生命另一段旅程"的哲学。

第九章 神话传说

在古希腊神话中，"众神之王"是谁？

在古希腊神话中，"众神之王"是宙斯，他是奥林匹斯十二主神之首。宙斯推翻父亲的统治后，与兄弟波塞冬、哈迪斯共同执掌世界，分别统治天空、海洋和冥界。他手持雷霆，以鹰和橡树为象征，拥有无上的权威。

海神波塞冬有什么特点？

波塞冬是古希腊神话中的海神、地震之神，他以暴躁的脾气和强大的力量著称。他手持三叉戟，掌管着海洋，能掀起巨浪、引发地震或创造泉水，因而被水手和沿海城邦敬畏。他性格桀骜，被冒犯后就会报复，但他也庇护着在大海中航行的人。

哈迪斯是怎么成为冥王的？

　　哈迪斯是宙斯的哥哥。起初，他和与兄弟宙斯、波塞冬一起被父亲吞入腹中，宙斯长大后救出了兄弟姐妹，并联合他们发动了对克洛诺斯等泰坦神的十年大战。胜利后，三兄弟通过抽签划分世界，哈迪斯则抽中了冥界，成为亡灵与地下财富的统治者。

宙斯的妻子是谁？

　　宙斯的妻子是赫拉，她既是天后，也是掌管婚姻与家庭的女神，是女性的庇护者。赫拉是希腊神话中重要的女神，地位仅次于宙斯，她头戴冠冕、手持权杖，高贵而美丽，但赫拉同时有着强烈的嫉妒心。

雅典娜是怎么成为雅典城邦的保护神的？

　　传说在雅典建城之初，海神波塞冬与智慧女神雅典娜争夺这座城市的庇护权。波塞冬击打卫城岩石，涌出咸水泉象征海上的霸权；而雅典娜则种下一棵橄榄树，象征着和平、丰收与经济繁荣。众神认为雅典娜的礼物更有利于城邦的长远发展，于是这座城市因此以她的名字命名，并且建立了帕特农神庙供奉她。

古希腊神话中盗火的神是谁？

古希腊神话中盗取火种送给人类的神是普罗米修斯。他同情人类生活在黑暗与寒冷中，于是从奥林匹斯山偷走宙斯的圣火，带到人间，并教会人们使用火的方法。这一举动激怒了宙斯，作为惩罚，普罗米修斯被锁在高加索山的悬崖上，每日遭受神鹰啄食肝脏。直到数百年后，英雄赫拉克勒斯射杀了神鹰，才解救了他。

在古希腊神话中，潘多拉的盒子里有什么？

普罗米修斯盗取火种后，宙斯为了报复人类，就命令赫菲斯托斯用黏土创造了第一个女人潘多拉，并交给潘多拉一个密封的盒子。潘多拉嫁给了普罗米修斯的弟弟后，在好奇心的驱使下打开了盒子，盒子中瞬间飞出了各种祸害人类的灾难：疾病、痛苦、贪婪、战争等。潘多拉急忙盖上了盒子，唯独将"希望"留在了盒子中。

"特洛伊木马"是什么？

"特洛伊木马"代表的是古希腊神话中希腊联军攻陷特洛伊城的关键计谋。在特洛伊战争第十年，希腊人佯装撤军，留下一个巨大的空心木马，木马里藏着精锐士兵，然后散布谎言称这是献给雅典娜的祭品。特洛伊人无视祭司拉奥孔的警告，将木马拖入城内。夜间，希腊士兵从木马中冲出，打开城门接应埋伏在城外的军队，里应外合摧毁了特洛伊。

蛇发女妖是谁？

蛇发女妖是古希腊神话中著名的怪物美杜莎，她原本是雅典娜的美丽祭司，因触怒女神而被诅咒成恐怖的模样：满头毒蛇代替秀发，双眼能令直视她的人瞬间石化。后来，美杜莎被英雄珀尔修斯用计斩杀。

斯芬克斯之谜是什么？

斯芬克斯是古希腊神话中的狮身人面兽，它常在悬崖边坐着，询问路过的人："什么东西早上用四条腿走路，中午用两条腿走路，晚上用三条腿走路？"回答不出的人就会被斯芬克斯吃掉。后来，俄狄浦斯答出谜底是"人"，斯芬克斯因而跳崖自尽。

奥林匹斯十二主神是谁？

　　奥林匹斯十二主神是古希腊神话中居住在奥林匹斯山的核心神系，他们由"众神之王"宙斯统领，掌管自然与人类社会的各个领域。

宙斯

众神之王，司掌天空、雷电与秩序。

赫拉

天后，掌管婚姻与家庭的女神，宙斯的姐姐与妻子。

赫尔墨斯

众神的使者，掌管商业、交通、畜牧、竞技、演说、盗窃等。

德墨忒耳

农业与丰收女神，珀耳塞福涅之母。

赫菲斯托斯

火与锻造之神，工匠的守护者，阿芙洛狄忒的丈夫。

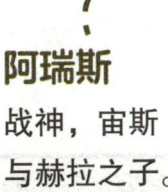

阿瑞斯

战神，宙斯与赫拉之子。

波塞冬

海神，掌管海洋，宙斯的兄弟。

哈迪斯

冥王，掌管冥界，宙斯的哥哥。

阿芙洛狄忒

爱与美之神，生于海浪，以美丽著称。

阿耳忒弥斯

狩猎女神，照顾妇女分娩，保护少男少女。

阿波罗

太阳神，阿耳忒弥斯的孪生兄弟，主管光明、青春、医药、畜牧、音乐、诗歌。

雅典娜

智慧女神，雅典城邦的保护神，从宙斯头颅中诞生。

赫拉克勒斯的十二项英雄事迹是什么？

赫拉克勒斯是宙斯的儿子，他英勇无比，完成了十二项英雄事迹。

杀死刀枪不入的巨狮，并用它的利爪剥下狮皮作为护甲。

斩杀能再生蛇头的九头蛇，用火烧灼蛇颈防止再生，并用蛇毒浸泡箭头。

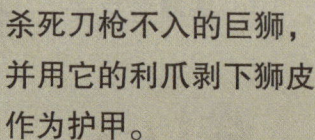

驯服狄奥墨得斯的吃人的马群，将它们赶到迈锡尼。

制服波塞冬赐予克里特的发狂公牛。

夺取阿马宗女人的首领希波吕忒的战神腰带。

穿越利比亚沙漠，射杀巨人革律翁及双头犬俄耳托斯，夺取革律翁的红牛。

活捉阿耳忒弥斯的金角铜蹄的赤牡鹿。

生擒埃里曼托斯山密林中肆虐山林的巨型野猪。

驱散斯廷法罗湖上以青铜羽毛杀人的怪鸟。

引河水，在一天之内清理了奥革阿斯堆积了几十年牛粪的牛圈。

盗取大地女神盖亚送给赫拉的金苹果。

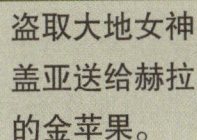

从冥界将三头犬刻耳柏洛斯带到人间，后又送回冥界。

阿波罗的桂冠从何而来？

阿波罗曾经嘲笑小爱神厄洛斯的箭术，因此被厄洛斯用代表爱情的金箭射中。厄洛斯同时用代表抗拒爱情的铅箭射中了少女达芙妮，导致阿波罗执着追求达芙妮，达芙妮却不胜其烦。在快要被阿波罗追到时，达芙妮向河神父亲求助，河神便将达芙妮变成了一棵月桂树。阿波罗悲痛之下，折下月桂枝装饰自己的弓和琴，还编成了头冠。

古希腊神话中飞向太阳的是谁？

天才工匠代达罗斯被克里特国王米诺斯囚禁，与儿子伊卡洛斯一起被关在岛上的高塔中。为了逃离囚禁，代达罗斯用羽毛和蜂蜡为自己和儿子制作了翅膀，并警告儿子"不要飞得太低，也不要飞得太高"。然而年轻的伊卡洛斯沉醉于飞翔的自由，越飞越高，最终炽热的阳光融化了蜡翼，他从云端坠入爱琴海身亡。

忒修斯斩杀牛头怪是一个什么故事？

雅典因为战败被迫每年向克里特国王米诺斯进贡童男童女，作为迷宫中的牛头怪的食物。雅典王子忒修斯自愿作为贡品前往克里特，在克里特公主阿里阿德涅的帮助下，他带着魔剑和线团闯入迷宫深处，斩杀牛头怪，并在线团的指引下逃出迷宫。然而胜利的喜悦让他犯下致命错误——返航时忘记将黑帆换成白帆，导致他的父亲误以为儿子遇难而跳海自尽。

"阿喀琉斯之踵"是什么意思?

阿喀琉斯是海洋女神忒提斯与凡人珀琉斯之子。忒提斯为了让儿子刀枪不入,曾抓着他的脚踝,将他浸入冥河中,他全身上下只有没有浸入冥河的脚踝是弱点。在特洛伊战争中,阿喀琉斯被帕里斯的毒箭射中脚踵而死,"阿喀琉斯之踵"因此成为致命弱点的代名词。

北欧神话中的"众神之王"是谁?

奥丁是北欧神话中至高无上的众神之王,也是智慧、战争、诗歌与死亡的主宰者。他为饮用智慧之泉,献祭了自己的右眼来换取宇宙真理,并且在预见了"诸神的黄昏"之后积极备战,明知自己终将死于魔狼之口仍英勇抗争。

北欧神话中的雷神是谁?

索尔既是北欧神话中的雷神,又是战争之神,他司掌雷霆、力量与农业保护,使用的武器是由矮人锻造的雷神之锤,可以召唤雷电击碎山岳,掷出后能自动飞回。索尔魁梧强壮,有着火一般的胡须,他是奥丁之子,却更亲近人类,保护着中庭世界免受巨人侵扰。

失窃的雷神之锤是怎么被取回来的？

冰霜巨人索列姆偷走索尔的雷神之锤，并威胁要娶美神芙蕾雅作为交换。众神陷入危机之际，狡黠的洛基献策，让暴躁的索尔扮成"新娘"，自己则假扮侍女陪同赴约。在巨人国的婚礼宴席上，"新娘"索尔狼吞虎咽地吃掉了整头牛和八条鲑鱼，差点儿暴露身份，全靠洛基急智圆场。当索列姆按习俗将雷神之锤放在"新娘"膝上祝福时，索尔瞬间抓住锤柄大杀四方，将巨人一族尽数歼灭。

光明之神巴德尔是怎么死去的？

光明之神巴德尔是奥丁的儿子，他因噩梦预感到死亡，母亲弗丽嘉令万物发誓永不伤害他，唯独遗漏了弱小的槲寄生。诡计之神洛基利用这一漏洞，诱骗盲眼神霍德尔向巴德尔投掷槲寄生枝，致其死亡。众神设法与冥界交涉，只要万物为巴德尔哭泣即可让他复活，但洛基假扮成女巨人索克，拒绝落泪，巴德尔最终没有复活。

北欧神话中的三层世界是什么?

北欧神话中的宇宙由三层九界构成:上层世界居住着阿萨神族、光明精灵和华纳神族,是神圣与光明的领域;中层世界居住着人类、冰霜巨人以及矮人与黑暗精灵,象征凡俗与自然的交织;下层世界则包含亡者国度、充满烈焰和永冻迷雾的区域,代表死亡与混沌的力量。这九大世界并非孤立存在,而是通过世界树的根系与枝干紧密关联。

日本的创世神话是什么?

在日本的神话传说中,天地未形之时,宇宙处于混沌状态中,高天原、苇原中国与黄泉国三界雏形隐现。此间自主生成了五位别天神,他们并不直接参与创世。直到第七代神伊邪那岐与伊邪那美,他们受命创造国土。二神立于天浮桥用矛搅动海水,矛尖滴落的盐分凝结形成日本第一块陆地,随后二神结合,生下八大岛及山川草木。

日本神话中的"三神器"是什么?

日本神话中的三神器是象征天皇正统性的神圣器物,据传为天照大神授予天孙琼琼杵尊的宝物,分别对应创世"三贵子"的神力。八咫镜是天照大御神的化身,天丛云剑是须佐之男命的战利品,八尺琼勾玉是月读命的守护物。

印度神话中最受欢迎的英雄是谁?

在古印度神话中,有一位勇敢的神猴哈奴曼。他受猴王之托,帮助罗摩王子寻找被恶魔国王罗波掳走的妻子。哈奴曼智斗守卫,用火焰尾巴烧毁魔城,最终救回了罗波的妻子。哈奴曼的忠诚与神力,让他成为古印度神话中最受欢迎的英雄。

诺亚方舟是什么?

诺亚方舟来自西方神话。传说因人类道德沦丧,上帝决定降下灭世洪水,唯独指示义人诺亚建造巨型方舟。这艘长逾百米的三层木船承载了诺亚一家八口及世间所有物种雌雄各一对,在持续40天的滔天洪水中幸存。当洪水退去,方舟停泊于亚拉腊山,诺亚放出鸽子衔回橄榄枝,象征新生伊始。

古埃及神话中的太阳神是谁?

在古埃及神话中,太阳神有多重化身,其中拉是最著名太阳神,在古王国时期被广泛崇拜。他头顶太阳圆盘,周围环绕圣蛇,传说拉每天乘太阳船穿越天空和地下世界,与混沌蛇阿波菲斯战斗。